Préface

Erik Rydberg donne à lire un pamphlet qui est beau, non pas seulement parce qu'il est brillant, mais surtout parce qu'il est juste ; et vient à point. Le texte appelle à beaucoup de commentaires, de compléments, d'invitations à la discussion.

J'en choisirai seulement quatre.

UN

Dans la langue de Georges Orwell la qualification de "révolutionnaire" est utilisée de nos jours pour désigner les "contre-révolutionnaires", les premiers n'étant plus présentés par le clergé médiatique chargé de formater les esprits que comme des utopistes ridicules, voire criminels. Et pourtant ce sont les révolutionnaires (au sens vrai du terme, c'est-à-dire les esprits critiques radicaux) qui ont toujours inspiré les peuples en lutte et permis leurs avancées sur la longue route de l'émancipation de l'humanité. Leurs contributions ont toujours été décisives pour permettre aux luttes de dépasser le stade premier de la dispersion et du flottement (termes d'Erik) et d'inventer des stratégies efficaces sur la longue route vers le communisme, entendu comme étape supérieure de la civilisation, substituant aux valeurs mensongères à travers lesquelles s'exprime la course à la "compétitivité" dans le capitalisme (les valeurs de la fausse liberté individuelle) celles, supérieures, de la solidarité, de l'égalité, fondements de la liberté réelle et d'une gestion sociale authentiquement démocratique.

La question "Que faire" inaugure le départ de ce combat, qui va permettre la réalisation d'avancées révolutionnaires d'étape.

DEUX

Les propositions des révolutionnaires qui ont posé la question du "que faire" permettent d'abord de gagner la bataille préliminaire incontournable des idées, de redonner aux mots leur sens véritable. Erik conduit cette bataille avec brio et justesse. J'y ai pour ma part tenté de contribuer. Dans mon livre *Le Virus Libéral*, je souligne l'origine étatsunienne du vocabulaire menteur à la Georges Orwell par le moyen duquel le clergé médiatique tente de formater des esprits soumis. Marx pensait que le caractère du développement du capitalisme aux Etats-Unis, construit sur un terrain vierge d'antécédents historiques "féodaux" (après avoir exterminé les civilisations indiennes d'origine), constituait un avantage pour l'avenir. J'ai soutenu le contraire : que le déploiement du capitalisme dans sa sauvagerie parfaite constituait un handicap pour l'émergence de forces révolutionnaires capables de transformer le monde. Or ce modèle étatsunien est devenu celui que la mondialisation impérialiste contemporaine tente d'imposer à tous les peuples de la planète.

TROIS

La souveraineté nationale : à quelles fins ?

La défense de la souveraineté nationale, comme sa critique, donne lieu à de graves malentendus dès lors qu'on la détache du contenu social de classe de la stratégie dans laquelle elle s'inscrit. Le bloc social dirigeant dans les sociétés capitalistes conçoit toujours la souveraineté comme un instrument nécessaire pour la promotion de ses propres intérêts fondés à la fois sur l'exploitation capitaliste du travail et la consolidation de ses positions internationales. Aujourd'hui, dans le système néolibéral mondialisé (que je préfère qualifier d'ordo-libéral, empruntant cet excellent terme à Bruno Odent) dominé par les monopoles financiarisé de la triade impérialiste (Etats-Unis, Europe, Japon), les pouvoirs politiques en charge de la gestion du système au bénéfice exclusif des monopoles en question conçoivent la souveraineté nationale comme l'instrument leur permettant d'améliorer leurs positions "compétitives" dans le système mondial. Les moyens économiques et sociaux d'Etat (soumission du travail aux exigences des employeurs, organisation du chômage et de la précarité, segmentation du monde du travail) et les interventions politiques (y compris les interventions militaires) sont associés et combinés dans la poursuite d'un objectif exclusif : maximiser le volume de la rente accaparée par leurs monopoles "nationaux". Le discours idéologique ordo-libéral prétend établir un ordre fondé exclusivement sur le marché généralisé, dont les mécanismes seraient autorégulateurs et productifs de l'optimum social (ce qui est évidemment faux), à condition que la concurrence soit libre et transparente (ce qu'elle n'est jamais, et ne peut être à l'ère des monopoles), comme il prétend que l'Etat n'a aucun rôle à remplir allant au-delà de la garantie du fonctionnement de la compétition en question (ce qui est contraire au fait : celle-ci exige l'intervention active de l'Etat en sa faveur ; l'ordo-libéralisme est une politique d'Etat). Ce discours – expression de l'idéologie du "virus libéral" – interdit de comprendre le fonctionnement réel du système comme les fonctions que l'Etat et la souveraineté nationale y remplissent. Les Etats-Unis donnent l'exemple d'une pratique de la mise en œuvre décidée et continue de la souveraineté entendue dans ce sens "bourgeois", c'est-à-dire aujourd'hui au service du capital des monopoles financiarisés. Le droit "national" bénéficie aux Etats-Unis de la suprématie affirmée et reconfirmée sur le "droit international". Il en avait été de même dans les pays impérialistes de l'Europe des XIXe et XXe siècles.

Les choses ont-elles changé avec la construction de l'Union Européenne ? Le discours européen le prétend et légitime de la sorte la soumission des souverainetés nationales au "droit européen", exprimé au travers des décisions des organes de Bruxelles et de la BCE, en vertu des traités de Maestricht et Lisbonne. La liberté du choix des électeurs est elle-même limitée par les exigences supra nationales apparentes de l'ordo-libéralisme. Comme Madame Merkel le dit : "Ce choix doit être compatible avec les exigences du marché" ; au-delà il perd sa légitimité. Néanmoins, en contrepoint de ce discours, l'Allemagne affirme dans les faits des politiques qui mettent en œuvre l'exercice de sa souveraineté nationale, et s'emploie à soumettre ses associés européens au respect de ses exigences. L'Allemagne a mis à profit l'ordo-libéralisme européen pour établir son hégémonie, en particulier dans la zone euro. La Grande Bretagne – par son choix du *Brexit* – a affirmé à son tour son choix décidé de mettre en œuvre les avantages de l'exercice de sa souveraineté nationale, fusse évidemment au bénéfice exclusif du capital financier de la *City* et non du peuple qui a fait ce choix dans la plus grande confusion.

On peut comprendre alors que le "discours nationaliste" et son éloge sans limite des vertus de la souveraineté nationale, entendue de cette manière (la souveraineté bourgeoise-capitaliste) sans qu'il ne soit fait mention du contenu de classe des intérêts qu'il sert, a toujours été l'objet de réserves, pour le moins qu'on puisse dire, des courants de la gauche *lato-sensu*, c'est-à-dire de tous ceux qui ont le souci de défendre les intérêts des classes laborieuses. Gardons-nous cependant de réduire la défense de la souveraineté nationale aux seules modalités du "nationalisme bourgeois". Cette défense s'avère tout autant nécessaire pour servir d'autres intérêts sociaux que ceux du bloc capitaliste dirigeant. Elle sera alors étroitement associée au déploiement de stratégies de sortie du capitalisme et d'engagement sur la longue route au socialisme. Elle constitue une condition incontournable d'avancées possibles dans cette direction. La raison en est que la remise en cause effective de l'ordo-libéralisme mondial (et européen) ne sera jamais que le produit d'avancées inégales d'un pays à l'autre, d'un moment à l'autre. Le système mondial (et le sous-système européen) n'a jamais été transformé "par en haut", par le moyen de décisions collectives de la "communauté internationale" (ou "européenne"). Les évolutions de ces systèmes n'ont jamais été autre que le produit de changements s'imposant dans le cadre des Etats qui les composent, et de ce qui en résulte concernant l'évolution des rapports de force entre ces Etats. Le cadre défini par l'Etat ("nation") demeure celui dans lequel se déploient les luttes décisives qui transforment le monde.

Les peuples des périphéries du système mondial, polarisé par nature, ont une longue expérience de ce nationalisme positif, c'est-à-dire anti-impérialiste (exprimant le refus de l'ordre mondial imposé) et potentiellement anticapitaliste. Je dis seulement potentiellement car ce nationalisme peut être également porteur de l'illusion de la construction d'un capitalisme national parvenant à "rattraper" les constructions nationales des centres dominants. Le nationalisme des peuples des périphéries n'est progressiste qu'à cette condition : qu'il soit anti-impérialiste, aujourd'hui en rupture avec l'ordo-libéralisme mondialisé. En contrepoint un "nationalisme" (alors seulement apparent) qui s'inscrit dans l'ordo-libéralisme mondialisé, et de ce fait ne remet pas en cause les positions subalternes de la nation concernée dans le système, devient l'instrument des classes dominantes locales soucieuses de participer à l'exploitation de leurs peuples et éventuellement de partenaires périphériques plus faibles à l'égard desquels il se comporte comme un "sous-impérialisme".

Aujourd'hui des avancées – audacieuses ou limitées – permettant de sortir de l'ordo-libéralisme sont nécessaires et possibles dans toutes les régions du monde, Nord et Sud. La crise du capitalisme créé un terrain favorable à la maturation de conjonctures révolutionnaires. J'exprime cette exigence objective, nécessaire et possible, dans une phrase courte : *Sortir de la crise du capitalisme ou sortir du capitalisme en crise ?* (le titre d'un de mes livres récents). Sortir de la crise n'est pas notre problème, il est celui des dirigeants capitalistes. Qu'ils y parviennent (et à mon avis ils ne sont pas engagés dans les voies qui le permettraient) ou pas n'est pas notre problème. Qu'avons-nous à gagner en nous associant à nos adversaires pour redonner vie à l'ordo-libéralisme en panne ? Cette crise crée par contre des chances d'avancées consistantes, audacieuses ou moins, à condition que les mouvements en lutte adoptent des stratégies qui s'en donnent l'objectif. L'affirmation de la souveraineté nationale s'impose alors, pour permettre ces avancées forcément inégales d'un pays à l'autre, mais toujours en conflit avec les logiques de l'ordo-libéralisme. Le projet national souverain populaire, social et démocratique est conçu dans cet esprit. Le concept de souveraineté mis en œuvre ici n'est pas celui de la souveraineté bourgeoise-capitaliste ; il s'en distingue et doit être qualifié pour cette raison de souveraineté populaire.

L'amalgame entre ces deux concepts antinomiques, et à partir de là le refus rapide de tout "nationalisme" sans davantage de précision, annihile toute possibilité de sortir de l'ordo-libéralisme. Malheureusement en Europe – et ailleurs – la gauche contemporaine engagée dans les luttes pratique souvent cet amalgame.

Défendre la souveraineté nationale n'est pas synonyme simple de vouloir une "autre mondialisation, multipolaire" (en contrepoint du modèle de la mondialisation en place), fondée sur l'idée que l'ordre international doit être négocié entre des partenaires nationaux souverains, égaux en droit, et non imposé unilatéralement par les puissants – la triade impérialiste, Etats-Unis en tête – comme il l'est dans l'ordo-libéralisme. Soit. Encore faut-il répondre à la question : un monde multipolaire pour quoi faire ? Car celui-ci peut être conçu comme toujours régi par la compétition entre des systèmes acceptant chez eux l'ordo-libéralisme ; ou, en contrepoint, comme un cadre ouvrant des marges de manœuvre aux peuples qui veulent sortir de cet ordo-libéralisme. Il faut donc préciser la nature de l'objectif poursuivi dans le cadre du système multipolaire proposé. Comme toujours dans l'histoire un projet national peut être hybride, traversé de contradictions entre les tendances qui s'y déploient, les unes favorables à une construction nationale capitaliste et les autres qui se donnent d'autres objectifs, allant au-delà par leurs contenus sociaux progressistes. Le projet souverain de la Chine en fournit un bel exemple ; les projets semi souverains de l'Inde (avant la mise en place du pouvoir "hindouiste" de Modi) et du Brésil (avant le coup d'état de la droite) d'autres.

La souveraineté nationale au service des peuples

La souveraineté nationale est l'instrument incontournable d'avancées sociales et de progrès de la démocratisation, au Nord comme au Sud de la planète. Ces avancées sont commandées par des logiques qui se situent au-delà du capitalisme, dans une perspective favorable à l'émergence d'un monde polycentrique et à la consolidation de l'internationalisme des peuples.

Dans les pays du Sud, le projet souverain national doit "marcher sur ses deux jambes" :

- S'engager dans la construction d'un système industriel autocentré et intégré dans lequel les différentes branches de la production deviennent les fournisseurs et les débouchés les uns des autres. L'ordo libéralisme ne permet pas cette construction. Il conçoit en effet la "compétitivité" comme celle de chaque établissement industriel considéré par lui-même. La mise en œuvre de ce principe donne alors la priorité à l'exportation et réduit les industries des pays du Sud au statut de sous-traitants dominés par les monopoles des centres impérialistes, lesquels s'approprient par ce moyen une large part de la valeur créée ici et la transforme en rente impérialiste de monopole. En contrepoint la construction d'un système industriel exige la planification d'Etat et la maîtrise nationale de la monnaie, du système fiscal, des échanges extérieurs.
- S'engager dans une voie originale de rénovation de l'agriculture paysanne, fondée sur le principe que la terre agricole constitue un bien commun de la nation, géré de manière à garantir l'accès au sol et aux moyens de l'exploiter à toutes les familles paysannes. Des projets doivent être conçus sur cette base pour assurer la croissance de la production par famille/hectare, et des industries

prioritaires mises en place pour le permettre. L'objectif de cette stratégie est d'assurer à la nation sa souveraineté alimentaire et de maîtriser les flux migratoires des campagnes vers les villes, d'en ajuster le rythme à celui de la croissance de l'emploi urbain.

L'articulation des avancées sur chacun de ces deux terrains constitue l'axe principal de politiques d'Etat qui garantissent la consolidation de larges alliances populaires "ouvrières et paysannes". Celle-ci crée alors un terrain favorable pour des avancées de la démocratie participative.

Dans les pays du Nord la souveraineté populaire doit également rompre avec l'ordo libéralisme, ce qui implique ici des politiques audacieuses allant jusqu'à la nationalisation des monopoles et la mise en route des moyens de la socialisation de leur gestion. J'ai fait quelques propositions allant dans ce sens dans le chapitre cinq de mon livre *L'implosion du capitalisme contemporain*. Cela implique évidemment la maîtrise nationale de la gestion de la monnaie, du crédit, de la fiscalité, des échanges extérieurs.

Le système impérialiste en place met en œuvre un éventail différencié de moyens par lesquels il exerce sa domination sur les nations des périphéries du système mondialisé et leur exploitation. Dans les pays du Sud avancés dans l'industrialisation les segments du système mondialisé délocalisés, contrôlés par le capital des monopoles financiarisés de la triade impérialiste (Etats-Unis, Europe occidentale et centrale, Japon), réduits au statut de sous-traitants, offrent le moyen majeur par lequel une masse grandissante de la valeur générée dans les économies locales dépendantes est transformée en rente des monopoles impérialistes. Dans de nombreux pays du Sud, les modes d'exploitation prennent également la forme du pillage brutal des ressources naturelles (hydrocarbures, minerais, terres agricoles, ressources en eau et en soleil) d'une part, celle de la mise en œuvre de razzias financières qui s'emparent de l'épargne nationale des pays en question. La contrainte d'assurer en priorité le service de la dette extérieure constitue le moyen par lequel ces razzias opèrent. Le déficit structurel des finances publiques de ces pays offre l'occasion aux monopoles impérialistes de placer fructueusement leurs excédents financiers grandissants produits par la crise du système impérialiste mondialisé et financiarisé, en contraignant les pays du Sud à s'endetter dans des conditions léonines. La razzia financière exerce ses effets destructeurs tout également dans les centres impérialistes. La croissance continue du volume de la dette publique par rapport au PIB est activement recherchée et soutenue par le capital financier national et international dont elle permet le placement fructueux des excédents. Le service de la dette publique contractée auprès du marché financier privé donne l'occasion d'une ponction opérée sur les revenus des travailleurs imposés, permettant ainsi la croissance de la rente des monopoles. Elle alimente ainsi la croissance continue de l'inégalité dans la répartition des revenus et des richesses. Le discours officiel qui prétend déployer des politiques destinées à réduire la dette est parfaitement mensonger : leur objectif est en réalité l'augmentation et non la réduction de la dette.

QUATRE

Répondre à la question "Que faire", ce n'est pas seulement dégager les lignes possibles d'une stratégie d'étape efficace, c'est tout également construire "l'agent" (le bloc historique) qui peut en réaliser les tâches.

L'agent potentiel qui peut mettre en œuvre le projet souverain esquissé ici existe déjà visiblement. Le pouvoir économique et politique absolu du capital financiarisé est capté par des oligarchies constituées d'une poignée d'individus et des politiciens à leur solde ; et les classes sociales qui bénéficient du système ne rassemblent jamais plus de 20 % de la population des pays concernés, au Nord et au Sud. Le bloc social alternatif, que je qualifie de "prolétariat généralisé mais simultanément différencié à l'extrême", est de ce fait composite. Il rassemble 80 % des salariés dans le Nord (80 % et non pas les 99 % de *Occupy Wall Street*), au Sud les nouvelles classes ouvrières, la vaste majorité des paysans, les travailleurs paupérisés des secteurs informels. Je fais observer à cet endroit que les blocs sociaux révolutionnaires n'ont jamais été réduits au seul "prolétariat ouvrier" tel qu'il est défini dans certaines vulgates marxistes. En Russie en 1917, en Chine dès les années 1930, il a rassemblé les ouvriers, les paysans, l'intelligentsia révolutionnaire. Dans certains cas, comme au Vietnam et à Cuba l'agent de la transformation a été la nation entière, à l'exclusion des *compradores* vendus. Je fais également observer que l'émergence du bloc révolutionnaire est toujours rapide, mais non inattendue. L'intervention active et positive des avant-gardes qui se posent la question du "que faire" est ici décisive. Comme le rappelait Boukharine : "Les révolutionnaires sont des opportunistes qui ont des principes". Ils savent saisir l'opportunité historique. Notre époque offre cette opportunité. Aux gauches radicales d'en saisir l'occasion.

Samir Amin.

Introduction

Que faire ? La question a ses lettres de noblesse plébéienne. Elle a servi de titre guerrier à la brochure – 266 pages tout de même dans la traduction aux Editions sociales de 1971 – que Lénine a publiée au tournant du siècle dernier. Elle s'achevait sur un appel à la gauche pour "liquider la troisième période", désignant le temps "de dispersion, de désagrégation, de flottement" qui prévalait alors, et qui n'est pas sans rappeler, cent ans plus tard, les conditions auxquelles la gauche se voit confrontée aujourd'hui.

Le titre du livre de Lénine est, pour beaucoup, devenu aussi familier qu'une crécelle de mots croisés. Mais il n'était que reprise. Le délicieux *Que faire ?* de Nicolaï Tchernychevski, publié en 1863 (réédité en 2000 par les Editions des Syrtes), avait à l'époque séduit une génération entière de lettrés radicaux en Russie, et pour cause : ce conte utopique esquisse une société émancipée, autogestionnaire et de totale égalité entre hommes et femmes. Il est de ceux qui, encore aujourd'hui, est fait pour délecter. Certes, pour boucler la boucle, comme l'indique la préface au Tchernychevsky, cet autre radical jusqu'au-boutiste qu'était Babeuf, guillotiné par les oligarques de l'époque, avait lui aussi produit en 1795 un article nommé *Que faire ?* Rendons à César…

La série n'est pas close cependant. Au printemps 2016, alors que ce petit livre était en cours de rédaction, le hasard des visites en librairie croisera le dernier-né du philosophe français Jean-Luc Nancy, dont les écrits affectionnent la position du tireur critique embusqué. Il l'a intitulé *Que faire ?* (Editions Galilée), il a fait le même choix ! Pourquoi non ? Nancy, arpentant un monde où les "valeurs" sonnent creux et où tout semble faire impasse, y voit une forme d'espoir : c'est en effet dans les "périodes de vacance de l'esprit" comme la nôtre que, bien souvent, se préparent des "surprises". Croisons les doigts.

Le propos, ici, est différent. N'étant ni philosophe, ni révolutionnaire professionnel, mais flâneur des circuits de l'obscurantisme contemporain, c'est à la discussion et au débat que ce livre invite, une discussion de nos présupposés, surtout. Il y a bien longtemps s'est imposé à moi comme une évidence, jusque-là masquée, qu'il est des choses qui nous font avancer et d'autres qui nous font reculer, et que l'enjeu crucial est de faire le bon tri. La perspective est évidemment marxiste : nous en sommes tous les héritiers comme disait Derrida en 1993, qu'on le veuille ou non, inconsciemment ou – autant chercher à l'être – consciemment.

Mais pour en revenir aux sujets de discussion qui me semblent importants aujourd'hui, en huit chapitres thématiques, ce sont, dans l'ordre :

- L'**univers des mots** qui telle une bruine sature notre faculté de penser, l'oriente à notre insu en y déposant des concepts téléguidés, "novlangue" et pensée unique comme on dit : le premier des combats est d'en reprendre possession, forger son propre lexique.
- La propagande au quotidien sous forme de **planification urbaine**, verre, béton et acier, parent pauvre de la critique émancipatrice : plier et asservir notre penser par un hold-up sur les mots va de pair avec la domestication de nos faits et gestes par injonctions urbanistiques.
- La **scène internationale** sous régime du capitalisme des oligopoles mondialisés, bien sûr, affrontement entre nations dominantes et dominées, du nord et du sud, qu'on désignera plus correctement sous les vocables Centre et Périphérie : tenter d'y voir clair, comme la Première Internationale des travailleurs déjà le recommandait en 1864.
- La question du **choix de terrain de combat** est enfant du précédent, local ou global, national ou supranational, souverainisme versus "gouvernance" mondiale désétatisée, *Brexit* ou Marché commun : quelle ligne de front de libération ? Che Guevara, pour mémoire, était patriote.

- Le **religieux**, dont on dit aujourd'hui qu'il faut le "déradicaliser", le noyer dans le "multiculturel" : affaire de foi, ma foi. Dans le dieu Argent ? L'Esprit demande ici à être désencombré.
- Le **tabou du parti**, autre œillère encadrant le penser "correct" chez les orphelins de la gauche : rejet épidermique et petit-bourgeois de toute organisation structurée pour renverser le pouvoir (seuls les syndicats en préservent l'ancrage) : sans s'organiser pourtant, enseigne l'histoire, jamais rien ne change.
- L'**histoire**, justement, qu'une dictature de l'immédiat efface, enfer d'un éternel présent, à tout instant cliquable, arme suprême de la propagande diffuse : faire en sorte que personne ne sache d'où on vient afin que personne ne se demande où aller.
- La **civilisation de l'écrit**, pour terminer, mais peut-être faudrait-il dire civilisation tout court : résoudre le "problème de la transition" est la grosse affaire qui est sur toutes lèvres alors que, en réalité, à peine débattue, elle est en cours, basculement d'un mode de vie à un autre, d'une forme de rapport à la réalité à une autre, "virtuelle", saut dans l'inconnu ?

Donc, que faire ! Avec un point d'exclamation. Celui qui ouvre la discussion, le débat. Avec le courage de remettre en question le préconçu et le prémâché pour, avec la belle formule de Paul Veyne : passer "du concret aveugle à l'abstraction vraie". Il n'y a pour cela qu'une ligne de conduite, comme rappelle George Labica à propos de Robespierre et Saint-Just en 1794 : "Osez ! Ce mot renferme toute la politique de notre Révolution". Kant tenait, dix ans auparavant, note encore Labica, le même propos : "*Sapere aude* !" (en français, ose savoir). Il n'y a rien de plus difficile, rien de plus subversif.

Faire place nette dans la tête : "novlangue", discours, blabla

Maurice Allais est un cas d'école. Il a eu l'insigne honneur d'être non seulement l'un des rares Français dont l'œuvre en économie a été couronnée par le prix Nobel de la Banque centrale de Suède, mais aussi, malgré cette notoriété, une personnalité interdite d'antenne.

Sur les plateaux de télévision, aux micros des journalistes, il brillait par son absence. Rien de vraiment étonnant à cela tant les médias traditionnels préfèrent, lorsqu'il leur faut donner un peu d'épaisseur au commentaire de l'actualité économique, se tourner vers des "analystes" financiers du secteur bancaire ou de fades auteurs de best-sellers qui se font les perroquets de la théologie néolibérale.

Mais, tout de même, snober un Nobel… Faut-il qu'il importât de faire taire à tout prix ce bonhomme-là !

Le discours que tenait Allais, il est vrai, n'était pas pour ravir les élites dominantes. Il ne gardait pas sa langue dans la poche. Ardent défenseur du protectionnisme, ennemi farouche du libre-échange et de la libéralisation mondiale du commerce, il en appelait, en 2009, à "de toute urgence délocaliser Pascal Lamy, un des facteurs majeurs du chômage". Crime de lèse-majesté. Lamy, pour mémoire, était à l'époque le patron de l'Organisation mondiale du Commerce – et, avec Delors (Commission européenne) et Camdessus (FMI), membre agissant du triumvirat néolibéral intronisé par Mitterrand dans les années 1980. Lamy n'a aucun problème pour se faire ouvrir grandes les portes des médias.

Mais ce qui nous intéresse ici, dans un entretien avec François Ruffin en mars 2009, est ce qu'Allais dit de la domination exercée par la fameuse pensée unique.

Il commence par cette citation de Georges Orwell :

> *"Cette coutume qu'ont les hommes de se refuser d'admettre des jugements critiques sur les points fondamentaux est un des plus grands dangers qui menacent, de façon générale, les facultés humaines de compréhension".*

Avec Orwell, il puisait à bonne source. L'auteur de la *Ferme des animaux* (1945) connaissait le pouvoir des mots, tout comme d'ailleurs Lewis Carroll : "Ils ont la signification que je leur donne", disait la Reine à Alice.

Allais enchaîne avec John Maynard Keynes, économiste et esthète talentueux :

> *"La difficulté n'est pas de comprendre les idées nouvelles, elle est d'échapper aux idées anciennes qui ont poussé leurs ramifications dans tous les recoins de l'esprit des personnes ayant eu la même formation que la plupart d'entre nous".*

Cette phrase est de celles qu'on conseillerait de recopier à gros traits et l'épingler au mur tant elle va droit au cœur des choses. Keynes avait en tête les idées nouvelles, mais il aurait tout aussi bien pu dire les idées tout court, qu'elles se baladent déjà dans nos têtes ou qu'elles s'y insinuent peu à peu au fil de ce qu'on entend autour de soi, à l'école, à la radio, dans le journal, sur Internet ou lors de palabres organisés en marge du discours officiel.

C'est toute la difficulté qu'il y a d'éviter les idées préconçues. Elle est énorme. Et d'autant plus énorme que, en général, on ne les aperçoit pas, on croit qu'on s'est forgé une conception personnelle des idées qu'on manie au quotidien, on ne se rend pas compte, comme y insiste Keynes dans son écrit de 1936, que ce qu'on croit penser repose en réalité sur des "ramifications" qui ont, à notre insu, "poussé dans tous les recoins" de notre cerveau.

Ces ramifications ont pour origine, aux yeux de Keynes, la "même formation que la plupart d'entre nous" ont reçue. C'est la formation familiale, venue des parents, le formatage scolaire, obligatoire et tout sauf neutre, la formation "continue" ensuite, les lectures, les choses entendues et vues, jusqu'aux messages normatifs que le Code de la route impose à la "lecture" des villes (la "priorité de droite", premier des droits de l'homme pour beaucoup !)...

On en deviendrait parano pour moins. Voir les choses ainsi invite à un doute systématique qui risque de ne plus rien laisser en place, plus rien de sûr à quoi s'accrocher, nulle part de vérité qu'on puisse faire sienne. Un relativisme absolu. C'est à la mode. Raison de plus pour s'en méfier.

Disons, pour la commodité de l'exposé, que le doute critique est une pratique d'hygiène mentale à plusieurs étages. Au premier palier, on a affaire à un travail de révision du lexique de l'idéologie dominante. De ce point de vue, on est assez bien servi. Il existe depuis quelques années plusieurs ouvrages dont le propos vise justement à en déconstruire les slogans les plus stupides (mais ô combien répandus et ingérés !). Véhiculés par la grande presse, ils ont fait l'objet d'un petit recueil par Acrimed, l'indispensable outil de critique des médias.

On trouve ici l'inévitable terme fétiche de "réforme" que les appareils de propagande (OCDE, FMI, Commission européenne, etc.) manient à tout bout de champ pour hâter les gouvernements à détruire les conquêtes sociales. La grande presse recopie. Elle ne dira pas, comme Acrimed l'exemplifie :

> *"Les travailleurs combattent les politiques libérales qui favorisent chaque jour davantage les revenus du capital et dissolvent l'Etat social"*, mais *"(...) une autre chose dont on peut être sûr – et qui nourrit l'antienne d'un pays impossible à réformer, c'est la nature difficile des rapports sociaux en France. Vieil héritage de la culture ouvrière revendicative du XIX*e *siècle du côté des organisations syndicales, crispées sur la défense des droits acquis".* (Textuel : *Le Monde*, 7 juin 2005)

Dans ce vocabulaire insidieux répertorié par Acrimed, épinglons encore l'usage du terme "crispation", souvent associé à celui du "corporatisme" égoïste, pour désigner le combat des salariés contre les délocalisations, le dumping social ou le chômage, celui encore de "surenchère" pour qualifier la position des mêmes lorsqu'ils refusent les mesures asociales des gouvernants, dont l'entêtement, *a contrario*, sera félicité au nom de sa "fermeté". Ben tiens...

La liste est longue et, heureusement, elle fait l'objet d'un combat en terrain découvert auquel chacun prend part. Deux langages, deux visions du monde : devant le "partenaire social" désignant dans le lexique patronal les syndicats, ces derniers ripostent par "interlocuteur social", pris dans leur propre lexique. Même chose pour les fameuses "charges" (patronales) que les syndicats corrigent illico en "cotisations" (sociales des patrons).

Lorsqu'on gravit les étages, cependant, les choses se compliquent. On trouvera ici, pour commencer, les mots tabous. Prolétaire, par exemple, banni pour son cousinage historique avec le communisme (lequel, non moins tabou, sera automatiquement affublé de l'étiquette infamante "totalitaire"), ou, dans le même registre, le sort fait au mot "ouvrier", encore utilisé dans les années vingt pour qualifier ce qu'on appelle aujourd'hui, par un euphémisme révélateur, le "droit social" (voir Georges Scelle, *Le droit ouvrier*, Armand Colin, 1929 : cet historien, professeur à la Faculté de Droit de l'Université de Dijon, justifie le terme en soulignant qu'on a affaire à une "législation de classe" – on n'avait pas peur des mots à l'époque). Dans la foulée, avec l'ouvrier, un autre mot tabou est passé à la trappe : le peuple, terme riche d'histoire. On lui préférera celui, asexué, dépolitisé, de "population"...

A un autre étage, les disparus, ceux qui avaient encore du sens pour grand-père et grand-mère, honneur, vertu, patrie, gloire... Il vaut la peine de les sortir du coffret où, remisées avec la grande littérature (Balzac, Flaubert...), ces pierres précieuses sommeillent.

Et s'interroger : disparus, pourquoi ? quels intérêts ont fait en sorte qu'ils sortent de notre horizon ? Sans perspective historique, on est condamné à errer au gré des girouettes.

Au dernier étage, peut-être, tous ces petits colifichets du prêt-à-porter dicté par les modes du jour. Pourquoi parler de "genre", d'importation états-unienne, plutôt que d'égalité entre hommes et femmes – et pourquoi pas d'égalité tout court, entre toutes et tous ? Pourquoi ânonner à la suite de la Commission européenne que la "cohésion sociale" (et "inclusive" encore bien) nous serait chère ? Quelques recherches dans les archives y donneront d'autres couleurs : lorsque Raymond Marcellin est nommé ministre de l'Intérieur le 31 mai 1968 pour éteindre les feux de la révolte en France, il dira de sa tâche qu'elle incarnait une "volonté politique française" tirant sa force de la "cohésion sociale et non pas de la lutte de classes". Voilà donc l'antonyme... On peut allonger la liste à l'infini. Ce "vivre ensemble" par exemple, fétichisé depuis quelques temps. Ensemble avec qui ? Avec François Hollande ? Avec Bill Gates ? Avec l'oligarchie du capitalisme mondialisé ?

La bataille des idées, avec son doute critique systématique, est sans conteste la première que doit livrer quiconque veut s'émanciper. Le philosophe Theodor Adorno le rappelait déjà en 1966, la marchandisation englobe également les mots :

> *"Aucune théorie n'échappe plus au marché".*

Voilà qui suppose, pour toute notion mise en circulation, d'en dégager la généalogie : qui, quand et pourquoi ce marketing lexical ? Et puis bien sûr, rattacher cette notion à la famille idéologique dont elle est le rejeton. Là, c'est le philosophe français Louis Althusser, autre guide avisé, qui en 1977 souligne en lettres de feu qu'aucun concept théorique n'est

> *"(...) pensable par lui-même, tout seul, mais fait corps avec un ensemble d'autres concepts".*

Sans voir l'ensemble, on ne voit rien, on avance à l'aveuglette, on n'est que marionnette dans le supermarché des idées.

Que faire ? Ne prendre au mot aucun mot (notion, concept). Aucun ! Surtout pas ceux qui paraissent d'emblée attrayants (progressistes, de gauche, sympas ou politiquement "alter-corrects"). Chaque mot est historiquement déterminé, aucun n'est ni neutre ni objectif. Travailler les mots est travailler à son émancipation.

* * *

Références

Pour Lamy, Delors, Camdessus et les origines françaises du tournant néolibéral, voir *Rawi Abdelal,* "Writing the rules of global finance", publié en 2006 dans la *Review of International Political Economy.*

Maurice Allais : se reporter à sa "Lettre aux français", publiée dans *Marianne (n° 659, 5 décembre 2009)* et à l'entretien avec François Ruffin publié en mars 2009 dans le n° 40 de la revue *Fakir.* La citation de Keynes qui provient de sa préface à sa *Théorie générale de 1936* est également reprise par Jean-Marie Harribey dans son délicieux *Les feuilles mortes du capitalisme*, 2014, Editions Au Bord de l'Eau.

Parmi les nombreux ouvrages s'attelant à l'analyse du vocabulaire dominant néolibéral, on citera le *Dictionnaire du prêt-à-penser* de Mateo Alaluf (Editions Vie ouvrière, 2000), *La censure invisible* de Pascal Durand (Actes Sud, 2006) ainsi que notre *Petit manuel de contre-propagande économique* (Editions Couleur livres, 2010).

Pour la citation de Raymond Marcellin, voir Kristin Ross, *Mai 68 et ses vies ultérieures,* 2003, en traduction française chez Agone, 2005, réédité 2010.

Adorno, voir sa *Dialectique négative*, 1966, en poche chez Payot, 2001.

La citation d'Althusser provient de son *22ème congrès* (Maspero, 1977) ; on ne serait trop recommander l'inédit de 1976 récemment publié aux Presses universitaires de France (2015) sous le titre *Etre marxiste en philosophie.*

Libérer ville et campagne : urbanisme totalitaire & idéologie du béton

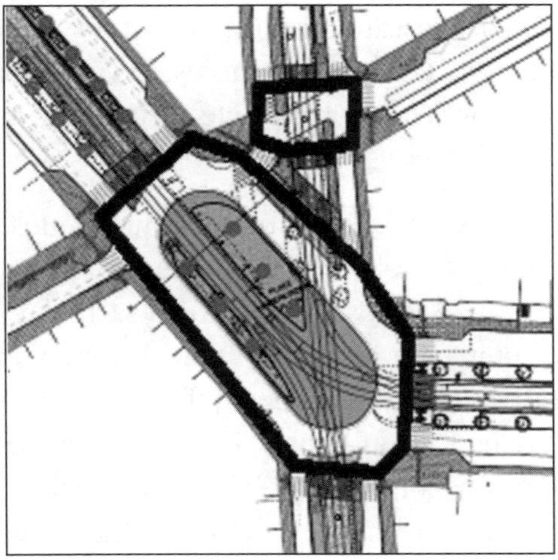

Le schéma ci-dessus, œuvre de la bureaucratie tentaculaire contemporaine, offre une assez bonne idée du chemin parcouru : pente descendante de la civilisation. Il ressemble un peu à ce qu'une ancienne tradition de l'Inde nommait un "mandala", représentation symbolique destinée à guider le cheminement spirituel ; à d'autres, il évoquera peut-être un pentagramme cabalistique, sciences occultes et tout le bataclan. Ici, on en est loin. On est au beau milieu de l'idéologie du béton qui corrode nos cerveaux.

Avant d'en dire un mot, petit détour romanesque.

La littérature, bien souvent, offre en effet une lecture politique du monde très supérieure à ce que produisent les professionnels de la vulgarisation historique, sociologues, économistes, etc. Claire-Louise Bennett, par exemple, mi-poétesse, mi-romancière, recluse en Irlande où elle exerce sa plume dans la solitude d'une nature rebelle, c'est-à-dire non domestiquée.

A un endroit de son dernier recueil, elle raconte une fête donnée par un voisin. Le cadre est champêtre, ce sont de vieilles fermes en pierre reconverties à l'usage d'une bourgeoisie citadine désireuse de proximité avec la verdure. Il y a des haies retournées à l'état sauvage, des arbres, des oiseaux, des insectes et il y a même un petit étang pour parfaire le tableau. Aux arbres, le voisin a accroché des ballons. Et... devant l'étang, il a planté un panonceau d'avertissement sur lequel il est écrit : "Etang".

Le ridicule de la chose n'échappe qu'au comité de fête, tant la profondeur de l'étang est faible et le risque de noyade pour un enfant en visite inexistant, à supposer encore qu'il sache lire, qu'il veuille bien le faire et puis faire le rapport entre l'inscription scolaire du panneau et les périls hypothétiques qui le guettent au-delà. Mais c'est tellement dans l'air du temps. Tout sécuriser, partout prévoir une signalisation venant modeler les comportements, ne rien laisser au hasard, régenter la vie jusque dans ses moindres recoins.

Claire-Louise Bennett décrit cette tournure d'esprit bureaucratique, qui depuis l'enfance "ne cesse de la vexer", comme le fait de "fouines gestapistes crétines". Ce n'est pas l'expression, à vrai dire, qu'elle utilise. Je n'ai pas trouvé mieux pour rendre le *moronic busybodies* de l'anglais. Ma traduction en préserve cependant l'esprit, sinon la lettre. Car c'est un fait, nous sommes entourés de fouines gestapistes crétines.

Revenons au petit schéma urbanistique. Il est le produit des bureaucrates chargés à Bruxelles de la planification urbaine, le "permis d'urbanisme" délivré le 27 avril 2015 faisant foi. Prenant prétexte d'un renouvellement de rails de tram à ce carrefour important au sud de Bruxelles, six axes de transit motorisés s'y croisant, dont l'un vers Paris, ainsi que quatre lignes de tram, lesdits bureaucrates ont sauté sur l'occasion pour remodeler la place de fond en comble. A leur goût, en vase clos et par acte d'autorité : bonnes gens, nous veillons sur vous.

Il y a ici un avant et un après. Avant, cette place avait le caractère délicieusement désordonné de la vie non réglementée. Les gens traversaient en tous sens. L'arrêt de tram, au centre, disposait d'un banc bordé de petits arbres. Des oiseaux s'y posaient tenant compagnie aux humains en bas : un parfait "vivre-ensemble". Après ? Les arbres abattus. Les piétons relégués au loin, sur le pourtour, obligés d'emprunter des couloirs dessinés à cet effet. De la place proprement dite ne subsiste qu'un vaste échangeur au seul bénéfice du carrousel automobile, l'aire centrale, revêtue d'un gazon en plastique, est désormais interdite d'accès. (Sur le schéma, nous avons ajouté des barres épaisses, ce sont les clôtures invisibles délimitant le *no man's land* interdit au piéton.) C'est un pur produit de la Kommandantur, aurait-on dit auparavant, sous l'Occupation. L'Occupation a changé de visage, pas de méthodes.

On passera sur la bigoterie des arguments venus des bétonneurs, effarés par l'organisation "chaotique du carrefour" et sûrs de leur mission salvatrice : ils vont, disent-ils, "sécuriser les cheminements piétons et supprimer les sources de traversées anarchiques", ils vont "assurer la fluidité du trafic automobile" et ils vont venir au secours du "cycliste débutant ou défensif" confronté à un "franchissement pénalisant et fort dangereux" – le tout couronné par l'aménagement au centre du rond-point "d'un revêtement décoratif en *granito*" non franchissable confié à un "artisan décorateur spécialisé" (sic). On passera pour s'arrêter un instant au vide de ce qui, en face, aurait pu offrir résistance, sursaut de lucidité, parole critique. Lorsqu'on se tourne, en effet, vers le petit monde des comités de quartier, les habitants activistes qui, depuis les années 1970, s'efforcent de produire une autre vision de la ville, on doit malheureusement constater qu'ils tiennent désormais le même langage que les bureaucrates auxquels ils se disent opposés. Eux, aussi, prônent un re-profilage, qui n'a d'alternatif que la disposition des bétons et des couloirs fléchés. Eux, aussi, veulent "fluidifier", "canaliser" et tout redessiner pour rendre au carrefour "un aspect plus urbain et convivial", c'est-à-dire fonctionnalisé et policé jusqu'au dernier millimètre. La pensée unique ? Quoiqu'usé jusqu'à la corde, pas un vain mot.

Peut-être est-ce faire trop grand cas d'un sens giratoire d'apparence anecdotique. Mais il est révélateur. Même chose partout. Partout, à la ville comme à la campagne, les paysages sont redessinés afin d'éliminer tout imprévu, l'inattendu, le non domestiqué, l'échappée de lumière, les vieilles pierres du passé, les mauvaises herbes, la possibilité même d'un choix.

Le romancier et cinéaste Gérard Mordillat a exprimé la chose avec une rare perspicacité :

> *"Il est significatif que les ronds-points, dont l'injonction première est "Vous n'avez pas la priorité", aient commencé à proliférer en France en même temps que le chômage entamait une courbe exponentielle".*

Ah... Vu comme ça, la critique prend un peu d'allure !

Une déferlante, à vrai dire. Rien que sur la période 1984-1994, 10.000 ronds-points ont été construits en France, où ils seraient, vingt ans plus tard, au nombre de 40.000. Quarante mille injonctions à s'accommoder à un monde parsemé de fils barbelés ! Bureaucrates et bétonneurs se frottent les mains, surtout les derniers : ces sens giratoires coûtent au bas mot 500.000 euros pièce, un joli magot. Aubaine aussi pour les grosses boîtes qui s'installent dans les centres commerciaux qui achèvent de saccager le paysage tout autour, McDo, Auchan, Carrefour, Decathlon, Leroy-Merlin – il n'est jusqu'à l'Assemblée des députés pour, en France, s'inquiéter dans un rapport sur l'urbanisme en 2009 des "effets pervers" découlant d'un "aménagement du territoire soumis aux puissances financières". Las ! *Post-mortem.*

Voici ce qu'en disent deux journalistes en 2010 dans un bon dossier sur la question. Il n'y a pas une ligne à retrancher :

"L'urbanisme raconte ce que nous sommes. Le Moyen Age a eu ses villes fortifiées et ses cathédrales, le XIXe siècle ses boulevards et ses lycées. Nous avons nos hangars et nos lotissements. Les pare-brise de nos voitures sont des écrans de télévision et nos villes ressemblent à une soirée sur TF1 : un long tunnel de publicité (la zone commerciale et ses pancartes) suivi d'une émission guimauve (le centre muséifié)". Et, notent-ils, le saccage *"(…) s'opère en silence".*

Pas un mot dans les revues d'architecture ou d'urbanisme. La critique, par bribes éparses, est enfouie dans le champ littéraire, pour la trouver, il faut creuser.

Aller chez Jean Clair, par exemple, qui se fait le témoin impuissant de la destruction des haies, la diabolisation des bouses de vaches : pas hygiénique, cachez-moi cette horreur ! Et qui, bien que conservateur dans l'âme, ne peut que se remémorer avec une bienveillante nostalgie les gigantesques effigies de Lénine, Staline ou Mao qui,

"à l'entrée des villes et des villages, vous faisaient gagner, dans les temps héroïques, un peu d'espoir, d'élévation, une certaine grandeur, peut-être dans l'idée qu'on avait de l'histoire des hommes".

La grandeur, fini cela. L'époque néolibérale ne veut que des petits humains, avec de petites pensées, plafond bas, clapier étriqué.

Ou chez Julien Gracq, le flâneur, faisant la moue devant la

"(…) grande artère commerciale de la ville, qui réussit à paraître à la fois morne et animée, en ce que tous ses passants, dépersonnalisés un moment par une servitude fonctionnelle, y tiennent un paquet ou un cabas à la main".

Cette ville-là, aseptisée, lissée de ciment frais, est

"(…) aussi attirante à peu près pour les pas du promeneur qu'un couloir de métro aux heures de pointe".

Tout y est déshumanisé, rendu infantile à la manière d'une plaine de jeux sous tutelle, comme ces

> *"(...) voies piétonnières qui ne rendent que le va-et-vient factice d'un musée Grévin de la voirie".*

C'est le sens unique dans toute sa splendeur, non plus seulement pour signifier à l'automobiliste un interdit mais, contaminant tout, imposant à chaque pas, chaque regard, un sens unique de la vie décidé en haut lieu sur les tables de dessins des paysagistes et urbanistes.

Lorsqu'on parle d'idéologie, d'habitude, on n'en a en général que pour le blabla dominant, la presse et compagnie, ce que les géants de l'édition jettent à grands frais de publicité sur le marché des idées, ce que les écrans de téléviseur et de smartphone déversent en flux tendu d'imagé et de consommable. L'idéologie, un cran plus haut, ce sont aussi les rails culturels que les grandes entreprises transnationales tracent pour, notamment, façonner nos habitudes consommatrices.

Si la critique en reste là, on risque cependant de rester aveugle devant le fait que l'idéologie n'est pas faite uniquement de discours dominant et de publicité envahissante. Elle s'impose tout autant en dur. En poteaux de signalisation, en marquages au sol, en passages cloutés, en couloirs cyclables et en voies piétonnières, en sens giratoires, en zonings et en lotissements... L'idéologie a alors pour nom urbanisme. Le "paysagisme" qui sans cesse et de plus en plus transforme chacun en automate. Il guide nos pieds mais, attention, cela se transmet aussitôt à la tête.

Le plus curieux est que ce monde corseté, au temps où il était de bon ton d'en dénoncer le "totalitarisme" dans la société soviétique, de même que sa bureaucratie policière étouffante, n'était alors à bien y regarder qu'une pale copie de l'enfermement technocrate dans lequel nous sommes plongés. Le philosophe Theodor Adorno est un des rares à en avoir pris la mesure. Nous vivons dans un "monde administré", disait-il, au point que le "penser administratif est devenu le modèle souhaitable" – il suffit d'écouter ce que produisent les "alternatifs" de l'aménagement du territoire (ou de l'aménagement "socialement responsable" du capitalisme) : neuf fois sur dix, c'est le même jargon que les bureaucrates au petit pied.

L'impasse serait totale ? Le chantier reste de fait presque entièrement à défricher. Il y a un travail de pédagogie immense à accomplir. Expliquer par exemple que les nids-de-poule dans la chaussée sont cent fois plus sympathiques (et efficaces) que les dos d'âne réalisés à grands frais par les bétonneurs. Que la rue nous appartient : marcher au milieu ! ne jamais tenir compte des feux tricolores ! franchir tout espace interdit aux piétons ! Et puis planter des mauvaises herbes clandestines, scier poteaux et potelets, voire, mieux, les décorer comme autant de précieuses ridicules, bref, à chaque instant, s'interroger sur ce que le paysage contient de servitudes volontaires.

* * *

Références

Pour l'aménagement de la place Vanderkindere à Bruxelles, c'est en ligne, voir les sites de la STIB et de l'Association des comités de quartier ucclois (ou son bulletin, *Lettre aux habitants – Nouvelles de l'ACQU*, n° 81, septembre 2014), représentative d'un "alterbureaucratisme" pseudo-oppositionnel.

Claire-Louise Bennett, *Pond*, Fitzcarraldo Editions, 2016.

La citation de Gérard Mordillat est extraite d'une tribune publiée dans *Le Monde diplomatique*, n° 742 daté de janvier 2016.

L'enquête sur les ronds-points en France, due à Xavier de Jarcy et Vincent Rémy a été publiée dans *Télérama* en février 2010 sous le titre "Comment la France est devenue moche". (C'est en ligne).

Jean Clair, *La part des anges*, NRF, Gallimard, 2016.

Julien Gracq, *La forme d'une ville*, Editions José Corti, 1985.

Pour Adorno, voir sa *Dialectique négative*, 1966, réédité en poche par Payot, 2001.

Porter le regard sur l'horizon, il est mondial : Nord-Sud, Centre-périphérie, Est-Ouest, Realpolitik

Dans le message solennel que Marx adressait au nom de la Première Internationale des travailleurs aux masses opprimées, il est un passage qui vaut d'être cité en entier.

Il en appelait aux ouvriers

> *"(…) de se mettre au courant des mystères de la politique internationale, à surveiller la conduite diplomatique de leurs gouvernements, et la combattre au besoin par tous les moyens en leur pouvoir et enfin, lorsqu'ils seraient impuissants à rien empêcher, s'entendre pour une protestation commune et revendiquer les lois de la morale et de la justice qui doivent gouverner les relations des individus, comme la règle suprême des rapports entre les nations".*

C'était en 1864. Mais ç'aurait tout aussi bien pu être écrit aujourd'hui. Pas une ligne à changer. Les "mystères de la politique internationale" demeurent l'alpha et l'oméga du sort fait aux peuples.

Il n'en reste pas moins vrai : dans les appareils syndicaux, la maigreur du département international témoigne de ce que c'est, là, le cadet de leurs soucis. De même, si on assiste à des mobilisations d'une ampleur assez remarquable venant s'opposer à des traités internationaux de libre-échange – le TTIP, par exemple, ou les accords de "partenariats" commerciaux imposés par l'Union européenne à ses anciennes colonies –, elles se signalent par une absence d'analyse géopolitique qui en éclairerait le pourquoi.

On cherche juste à domestiquer la bête, arrondir les angles, rendre plus gentil. Avec des ennemis pareils, on continuera à dormir tranquillement dans les états-majors des oligarchies régnantes.

Comptez sur elles. Elles y veillent, à leur tranquillité. Elles ont pour cela une armée de *think tanks* pour fabriquer le consentement de l'opinion, selon la plaisante expression de Chomsky. Et autant "d'idiots utiles", représentants autoproclamés de la société dite civile, pour en relayer les discours soporifiques.

Dernier gadget en date, celui consistant à prétendre que l'opposition entre "Nord" et "Sud", entre riches pays dominateurs et le Tiers-monde exploité serait dépassée, pour ne pas dire obsolète. Nous serions tous "dans le même bateau", tous appelés à chanter de concert la ritournelle des "biens communs mondiaux", tous petits élèves sagement inscrits à un cours "d'éducation à la citoyenneté mondiale". Comme le dit bien François Polet, ce qui est ici à l'œuvre est la production de "lectures à portée universaliste" visant à "marier stratégies de puissance et narration des intérêts supérieurs de l'humanité".

Ces lectures sont d'évidence à ce point absurdes et aberrantes qu'on s'en voudrait d'y perdre son temps. Quoi ! Au prétexte que certains pays, jugés il y a peu sous-développés, ont acquis un poids économique considérable, la Chine essentiellement, le monde aurait "basculé" et changé l'analyse de tout en tout.

C'est enfantin. L'Afrique, que l'on sache, n'a aucune base militaire en Europe ou aux Etats-Unis, n'impose aucune norme à l'étranger, ne poursuit en justice aucun chef d'Etat à peau blanche pour crimes contre l'humanité, ne subsidie aucune "société civile" pour peser sur les gouvernements occidentaux. L'inverse est son lot quotidien. Même chose à peu près en Amérique du Sud. Quant à la Chine et la Russie, il suffit de regarder une carte : elles sont, avant comme aujourd'hui, encerclées de bases militaires hostiles. Mieux : qui téléguide des drones intercontinentaux effectuant des assassinats politiques peu ou prou ciblés ? Pas l'Afrique, pas le Brésil ni le Venezuela, pas la Russie ni la Chine. Les Etats-Unis seuls s'en arrogent le droit.

“Basculement”, cependant, il y a sans conteste eu. Mais bien avant. On a le choix entre deux dates. 1989, chute du Mur, et 1991, dissolution de l’Union soviétique. Elles marquent pour l’historien Enzo Traverso un véritable “partage des eaux, le moment où s’achève un cycle d’histoire”. Jusque-là, deux modèles de société s’opposaient, deux systèmes économiques, deux formes de civilisation, radicalement différentes.

A l’individu, ils ouvraient la possibilité de faire des choix, et aux nations, celle d’une certaine autonomie dans le positionnement. Dans l’hémisphère sud, le mouvement dit des non-alignés, né à Bandung en 1955, a trouvé dans cette “politique des blocs”, étouffante autant qu’émancipatrice, les interstices permettant d’affirmer sa propre “troisième voie”. Dans les pays de la vieille Europe, grâce à la menace que faisait peser “l’autre système” (jugé attrayant par une large opinion européenne), les conquêtes sociales disposaient d’un formidable bouclier.

Le “rideau de fer”, on s’en apercevra après sa chute, avait deux côtés, dont l’un, au versant occidental, protégeait les travailleurs des agressions du grand capital. Tombé, ce sera la déferlante. Comme dira Engels au quinzième anniversaire de la chute de la Commune de Paris, noyée dans le sang en 1871 :

> *“Victorieuse, la réaction ne connut plus de bornes”.*

Depuis 1989, il n’est plus une avancée sociale qui échappe à la destruction, par un lent travail de sape méthodique.

Ce basculement-là explique l’autre, le pseudo-basculement censé avoir enterré le conflit entre pays dominants et pays dominés. Les chansonnettes sur les “biens communs mondiaux”, la “citoyenneté mondiale” et *tutti quanti* sont de purs produits de la déroute de 1989, elles traduisent le fait que, des deux blocs, il n’en reste qu’un – et que tout le monde est prié de faire masse derrière.

1989 brouille un peu, on le voit, les esprits. Mais aussi les cartes. L'affrontement n'est plus politique. Ce n'est plus l'Est socialiste versus l'Ouest capitaliste. Cela ressemble plus à un sauve-qui-peut. Placés devant un échiquier où ne subsistent plus que des pions et des roitelets dominés par la superpuissance militaire et économique étatsunienne, les peuples et les nations n'ont guère d'autre choix que de se replier dans les catacombes pour y chercher les voies d'une autonomie souterraine. Pas impunément et au péril de leur survie parfois, voir la Yougoslavie, l'Irak, la Lybie : on les qualifiera d'Etats voyous. Ou ratés. Ou terroristes. Ou non conforme aux valeurs de la démocratie et des droits des humains. On ne mettra pas sur le compte du hasard que des notions telles que "souveraineté" ou "patrie" s'en soient trouvées démonétisées.

Ni que soient diabolisés les grands pays qui ont les moyens de refuser l'alignement sur Washington, grâce à leur taille mais aussi à une longue tradition historique et culturelle de fierté nationale. Deux grandes nations sortent ici du lot, la Russie et la Chine. La première, surtout, est la cible d'une orchestration de l'opinion passant sous le nom de "russophobie" – un terme, soit dit en passant, qui en dit long sur le déclin de la conscience politique : là où on disait auparavant "anti-américanisme" (et non "américanophobie" !), ce qui avait du sens, le suffixe "phobie", désormais appliqué à tout bout de champ, ravale tout débat au rang de querelles cliniques sur des pathologies blasphématoires.

Il y a plus. Si les affrontements idéologiques ont depuis 1989 fait place à une lutte des territoires (et pour l'Occident à la sauvegarde de ses intérêts, singulièrement en approvisionnement de matières premières) ainsi qu'à une quête, avec des résultats variables, d'instruments offrant la capacité de mener une politique plus ou moins autonome, il est encore un autre plan sur lequel le monde a pivoté.

Le fait qui est venu tout bouleverser a été noté dans les pages relativement confidentielles de la presse économique, à savoir qu'on a assisté à un doublement mondial des travailleurs soumis au salariat et au capital, ce par les apports massifs de la Russie, de l'Inde et, surtout, de la Chine, responsable pour moitié du gonflement.

> *"Le ratio entre capital global et travail a par là été réduit de quasi moitié en quelques années, soit probablement le plus grand basculement de ce type dans l'histoire"*, note ainsi *The Economist*, ajoutant que la chose *"explique largement les tendances récentes dans l'évolution des profits et des salaires"*.

Les uns grimpent, les autres s'étiolent – façon vases communicants. Deux fois plus de travailleurs pour *grosso modo* un capital inchangé, cela fait, à la grosse louche, moitié moins pour les premiers – désormais soumis à une concurrence mondiale : pour le travailleur français, et d'ailleurs en Europe et aux Etats-Unis, le salaire qui sert implicitement de référence à l'employeur (sa base de comparaison) est celui du travailleur chinois.

Du point de vue géopolitique, cela donne quoi ? Un poids à tous points de vue écrasant aux grosses sociétés transnationales. Les "nouveaux maîtres du monde", pour reprendre le titre choisi par Jean Ziegler en 2002 pour décrire le phénomène. Une poignée de multinationales, dominant tous les pans de l'économie, dicte désormais les destinées de l'humanité, du plus petit gadget d'usage rendu courant jusqu'aux grandes infrastructures qui encadrent et formatent notre quotidien.

On s'en éprouverait désarmé pour moins. Que faire face ? Les multiples mobilisations citoyennes qui se disent "anti-système" ont, par suite d'une très séduisante propagande (effet 1989, encore), abandonné toute idée de prise de pouvoir et se complaisent dans le bac à sable des révoltes tolérées. Sur le terrain plus radical et guerrier, front concret contre l'impérialisme, c'est le jihadisme obscurantiste (effet 1989, bis) qui paraît avoir pris la relève – on verra cela dans un autre chapitre.

Alors, quoi ? Un des rares penseurs qui garde les idées claires, Samir Amin, a avancé la thèse qu'il importe de mettre sur pied une Cinquième Internationale des travailleurs qui refusent de courber l'échine et, comme objectif prioritaire, d'infliger une défaite militaire aux Etats-Unis. Cela ne se fera pas en un jour. Cela mérite cependant d'être discuté dès aujourd'hui.

Donc, s'organiser. Autrement. Le mouvement syndical – seule force critique un tant soit peu ancrée dans le procès de réalisation d'un autre monde – demeure caractérisé par une fragmentation qui n'a d'égale, *a contrario*, que l'extrême concentration de pouvoir des sociétés transnationales, dont les armées de bureaucrates assermentés, dans les "agences internationales", dans les médias, dans les officines étatiques, les bureaux d'avocats, les sociétés d'audit, les agences de publicité et de relations publiques, etc., se coordonnent sur la surface entière de la terre.

Construire ou reconstruire un mouvement syndical international capable de rétablir le rapport de forces vis-à-vis du capitalisme des oligopoles mondialisé, tel est donc l'enjeu. Une multinationale emploie facilement aujourd'hui, dispersés aux quatre coins du monde, sous-enrôlés via des chaînes de sous-traitance, plus de deux millions de travailleurs. C'est sa force, c'est en même temps sa faiblesse. Organisés, réunis, ces travailleurs seraient à même d'exproprier les parasites qui les dirigent – et d'enfin se rendre maître des moyens de production qui sont les leurs. Cela ne se fera pas non plus en un jour. Mais il est temps d'y penser.

* * *

Références

L'adresse inaugurale de la Première Internationale est ici citée à partir du fascicule *Les trois internationales* édité en 1955 par les Editions sociales ; on la trouve aisément ailleurs de même qu'en ligne. Suffit de chercher un peu.

Pour la critique du néo-anti-tiersmondisme, voir François Polet, "Réhabiliter une lecture Nord-Sud du monde", in "Obsolète, le clivage Nord-Sud ?", *Alternatives Sud,* vol. 23, 2016-2, aux Editions Cetri/Syllepse. Afin de prendre la mesure de l'antipathie ressentie dans le Tiers-monde devant les sornettes distillées dans les capitales occidentales, voir Jean Ziegler, *La haine de l'Occident*, Albin Michel, 2008. C'est plutôt décapant. Pour se faire une idée correcte du poids économique tout relatif de la Chine (les multinationales occidentales sont surdéterminantes), voir Peter Nolan, *Is China buying the world ?* (réponse : non), Editions Polity, 2012.

On lira avec profit *Où sont passés les intellectuels ?*, d'Enzo Traverso, publié sous la forme d'entretiens avec Régis Meyran, Editions Textuel, 2013.

Pour la vue large, le panorama historique, il faut évidemment lire Hobsbawm, *L'âge des extrêmes*, 1994.

Engels, c'est dans une lettre publiée le 27 mars 1886 en France dans *Le Socialiste*, reproduite dans le tome I de la *Correspondance Friedrich Engels avec Paul et Laura Lafargue (1868-1886),* publiée aux Editions sociales, 1956.

The Economist est cité dans son édition du 30 juillet 2005. On lira également, sur la tendance mondiale à la salarisation des peuples, Isaac Johsua, *Une trajectoire du capital,* Editions Syllepse, 2006.

Sur les bureaucraties, les "cercles" par lesquels les transnationales oligopolistiques assoient leur pouvoir (des *thinks tanks* jusqu'aux ONG en passant par les institutions financières internationales, Banque mondiale, FMI, etc.), voir Georges Corm, *Le nouveau gouvernement du monde*, 2010, Editions La Découverte.

Sur le pouvoir des multinationales, voir *Le Big Business en 25 fiches*, ouvrage collectif sous la direction de Bruno Bauraind, Editions Couleur livres/Gresea, 2012. On consultera éventuellement aussi, en quelque sorte prémonitoire, Ch. Tugendhat, *The Multinationals*, 1971, réédité en poche par Pelican, 1978.

Pour la Cinquième Internationale, voir, sous ce titre, Samir Amin, *Le Temps des Cerises*, 2006, et plus largement, du même auteur, “Délégitimiser le Capitalisme”, revue *Contradictions*, n° 134, 2011 ; et, indispensable pour comprendre pourquoi on est là, *L'éveil du Sud*, Temps des Cerises, 2008.

Ici et maintenant ? Ou là-bas au loin... Local & global, nations & tours d'ivoire

Sur quel terrain placer les efforts ? La question mérite d'être posée. On n'a qu'une vie, une journée ne compte que vingt-quatre heures, une année est vite passée.

Autant ne pas perdre son temps. Une anecdote pour éclairer : lorsque je travaillais comme journaliste dans le quotidien des métallos, *La Wallonie*, il n'était pas rare que, à la rédaction, des quidams téléphonaient pour transmettre des informations présentées comme sulfureuses, méritant enquête puis divulgation. Ça me tombait dessus assez souvent. J'écoutais, je prenais des notes, puis d'autres coups de fil, pour recouper, étayer, et une piste menant à l'autre, la machine s'emballait, il devenait difficile d'emmagasiner, garder le cap sur un fil rouge. Bon, finalement, après beaucoup de temps passé là-dessus, cela faisait un "papier", bon pour publication.

Mission accomplie ? D'un point de vue professionnel, sans doute. Le journal a été meublé. Payé pour cela. Mais sur un plan plus profond – qu'est-ce je fous de ma vie ? et de la vie des lecteurs ? –, un méchant doute a trouvé à s'insinuer. Il est venu d'un collègue. Il m'a dit : "Tu crois pas qu'on t'envoie ces informateurs exprès pour te détourner de choses plus importantes ?" Parole d'or.

Il faudrait toujours se poser la question. Faisant ceci, je ne fais pas cela. Pensant à cela, je ne pense pas à ceci. Est-ce le bon choix ? Qu'est-ce qui le détermine ? Est-ce qu'on n'est pas en train de me balader, peut-être même exprès ?

On ne compte pas, par exemple, le nombre d'activistes qui s'évertuent à peser sur la décision européenne, ni le nombre d'heures qu'ils y consacrent. Ils en sont convaincus : l'Europe, c'est là que ça se passe, là que tout se décide. Vraiment ?

Pour tenter de mettre en discussion, voyons Serge Halimi. Un grand bonhomme, Halimi, réputé lucide, et plutôt féroce dans les colonnes du Monde diplomatique. On ne la lui fait pas.

Au sujet des terrains de lutte, il commence par cette distinction :

> *"Le national obligerait les forces sociales à s'entendre ou à se combattre ; la "mondialisation" permet aux gagnants du système de ramasser la mise avant qu'elle ne soit taxée et d'utiliser la mobilité qu'on lui a donnée pour jouer cette mise ailleurs".*

D'un côté, donc, le champ des forces sociales qui, dans le cadre d'un pays, s'opposent, à visage découvert, en chair et en os, dans des arènes où chacun se mesure en face de l'autre quasi physiquement, les sueurs froides en deviennent palpables, les coups de sang encore plus. De l'autre côté, rien de cela. Les gagnants dont parle Halimi sont, on les aura reconnues, les multinationales, qui ne connaissent aucune frontière, qui pompent un Etat pour loger les profits dans un autre, qui n'ont en général d'autre identité, d'autre centre de décision qu'un aréopage de boursicoteurs insaisissables. Gagnante, également, l'armée de bureaucrates au service des premiers qui peuplent les couloirs d'institutions supranationales telle que la Commission européenne, à peine moins insaisissables, ils ne rendent de compte à personne sinon à leurs lobbies – parmi lesquels, espérant jouer dans la cour des grands, des organisations dites civiles, ONG et *tutti quanti*, qui s'imaginent pouvoir peser sur la donne. Las ! Elles ne jouent qu'un rôle d'alibi. Venons-y.

Car Halimi enfonce ensuite le clou. Les altermondialistes ?

> *"Qu'ils rêvent d'accélérer la "mondialisation" ou qu'ils promettent de l'amender, ils confortent l'idée de son existence, celle de l'obsolescence des Etats, et par là le sentiment que les luttes sociales, locales et nationales sont perdues d'avance".*

Campés de la sorte, ces deux mondes, ces deux terrains de lutte n'ont pas grand-chose en commun, sinon que l'un agit sur l'autre et vice versa. Mener une action dans une entreprise particulière, par exemple, aura des répercussions sur – et des effets boomerang du – groupe dont cette entreprise dépend. L'inverse n'est pas vrai. Prendre l'avion pour faire un tam-tam de tous les diables devant le siège lointain du groupe ou espérer obtenir quelque résultat par un *lobbying* auprès de diverses instances internationales est rarement couronné de succès. Ce qui n'enlève rien à l'intérêt d'une coordination internationale telle qu'elle s'organise par exemple dans le cadre des conseils d'entreprise européens.

C'est un sujet qui mérite d'être pris au sérieux. Il est source de pas mal de confusion et d'impensés. Il devenu banal de dire, ainsi, que nous vivons dans un monde interconnecté et interdépendant. Que monde est devenu un village et blablabla. On entendra même sur les bancs présentés comme progressistes que c'est le propre du mouvement ouvrier, et tout qui œuvre à un monde meilleur, d'être internationaliste.

Là, deux choses. La première est de s'interroger, à l'exemple de Halimi, sur les sources idéologiques du discours sur l'interdépendance. Lorsqu'on manie des notions, surtout lorsqu'elles sont à la mode et revêtent les habits de l'évidence, on fait toujours bien de se poser quelques questions. Cela vient d'où ? Qui a mis en vogue telle notion et pourquoi ? A quels intérêts répond-elle ? Le discours sur l'interdépendance, il ne faut pas beaucoup gratter, tient du credo dans les grandes officines de la mondialisation capitaliste, la Banque mondiale, le Fonds monétaire international, la plupart des agences onusiennes, pour être ensuite ânonné par les bureaucraties nationales. Idem chez les grands manitous des oligopoles transnationaux, Google, Microsoft, Apple, Facebook, Amazon et compagnie. Idem, encore, dans la presse financière, et toute la presse de bas étage, suiviste par définition. Ce ne sont pas là vraiment ce qu'on appellera des amis…

La deuxième notion qui prête à confusion est celle de l'internationalisme. A gauche, l'internationalisme est, on le sait, un enfant depuis toujours chéri. Encore faut-il s'entendre sur ce qu'on entend par là.

Sur ce point comme tant d'autres, il n'est pas inutile de retourner aux sources.

Dans le *Manifeste communiste*, qui reste un des documents les plus éclairants sur la condition humaine telle qu'historiquement déterminée depuis l'avènement de l'industrialisme, il est bien dit que la tendance est à "l'internationalisme" du capitalisme (qui) vise à une exploitation mondiale, donc à la destruction des vieilles industries nationales et à l'asservissement non moins mondial de l'ouvrier jusqu'à lui dépouiller "de tout caractère national". C'est bien ce qu'on observe. Mais si, effectivement, les ouvriers "n'ont pas de patrie", la tâche du mouvement ouvrier n'en demeure pas moins de, dans chaque pays, "en premier lieu conquérir le pouvoir politique, s'ériger en classe nationale, devenir lui-même la nation".

Le texte précise, afin d'éviter tout malentendu. Primo, que, maître à bord dans son propre pays, le mouvement ouvrier "est encore par là national, quoique nullement au sens bourgeois du mot". Secundo, qu'il œuvrera à la disparition des "démarcations nationales et les antagonismes entre les peuples", certes, mais… Tertio, par une "action commune, dans les pays civilisés tout au moins", cette action coordonnée, internationaliste, étant "une des premières conditions de son émancipation". L'internationalisme n'est pas, ici, un vain mot : les militants du mouvement ouvrier, rappellent le *Manifeste*, "appuient en tous pays tout mouvement révolutionnaire contre l'ordre social et politique existant". Appuyer ne veut pas dire se fondre dans un quelconque bloc supranational.

Dans la préface de 1893, Friedrich Engels sera plus clair encore :

> *"Sans l'autonomie et l'unité rendues à chaque nation, il est impossible de réaliser l'union internationale du prolétariat".*

On connaît le mot de Jaurès :

> *"Un peu d'internationalisme éloigne de la patrie ; beaucoup d'internationalisme y ramène. Un peu de patriotisme éloigne de l'internationalisme ; beaucoup de patriotisme y ramène".*

Sont-ce des vieilleries ? Voici peu, certainement pas. Quand de vastes mobilisations populaires se sont formées dans les années cinquante en appui de la lutte d'indépendance du peuple algérien, c'était en appui du FLN algérien, son Front de libération national. Idem, dix ans plus tard, lorsque le tour est venu au peuple vietnamien, c'était à nouveau en appui de son Front national de libération. Un même internationalisme. Un peuple en appuie un autre, pour le dire comme cela.

Le soutien internationaliste à la révolution cubaine est de la même eau. Ce petit pays insolent, rappelait Fidel Castro en 2006 dans le livre d'entretien avec Ignacio Ramonet, a été "la cible depuis 1959 de la plus longue guerre économique de l'histoire du monde". Et pour cause, son régime politique était insupportable à Washington. Mais comme le rappelle pour sa part Samir Amin, si ce régime a pu résister contre vents et marées, c'est grâce à une fervente volonté d'indépendance populaire :

> *"Sans ce patriotisme le régime aurait succombé à l'effondrement soviétique".*

Une ferveur patriotique, bigre ! Ce n'est plus guère au goût du jour. D'office, voilà qui devrait éveiller la méfiance critique. On ne se lassera pas de le répéter : aucune idée, aucune opinion, aucun sentiment qui paraissent aller de soi ne tombent du ciel et il y a lieu, à chaque fois, de se poser la question : quelle en est l'origine historique et politique, à quels intérêts répondent-ils ?

Le patriotisme, le goût pour le national sont certes identifiés aujourd'hui, dans l'Occident vieillissant, comme relevant de la sphère plutôt nauséabonde de l'extrême droite et, partant, à rejeter. Il y a lieu d'y réfléchir à deux fois. L'historien suédois Jan Mydral l'a mis en évidence dans un texte de 2014 sur Marine Le Pen et son Front national. Une analyse rigoureuse fait en effet apparaître que ce parti exprime bien souvent "des revendications de classe qui sont celles de la classe ouvrière et du monde du travail" et que c'est là "une ambiguïté que la gauche officielle en France n'arrive pas à appréhender". Pas seulement la gauche, officielle ou autre. Le micmac idéologique, le "désert théorique" (pour parler avec Althusser) qui étreint une gauche déboussolée par le ressac néolibéral la rend incapable de penser les revendications qui, historiquement, sont les siennes. Plus de trente ans que cela dure... Le hold-up par la droite radicale de positions de gauche en est des écueils. Il mérite discussion, à tête froide.

Y compris sur question nationale. Ce n'est pas par hasard que la nation yougoslave a été démantelée (rôle déterminant de l'Allemagne), ni la somalienne, ni l'éthiopienne, ni l'irakienne, ni la libyenne, l'objectif à chaque fois poursuivi, comme rappelle Samir Amin, étant pour Washington d'organiser "l'éclatement pseudo-ethnique du pays" et y "détruire le pouvoir d'Etat". Avec succès. Vassaliser le monde, tel est en haut lieu l'agenda : éliminer l'obstacle national, au bénéfice des flux commerciaux et financiers, des drones et autres mouvements de troupes.

Pas un hasard, non plus, que les grands pays qui résistent à leur mise sous tutelle, sont ceux qu'on regroupe sous le nom des BRIC (pour Brésil, Russie, Inde et Chine) ; ils sont grands parce qu'ils en ont la capacité et arrivent à tracer leur propre chemin. Comme le rapportait le *Financial Times* voici peu (29 mars 2014), la proportion des grandes sociétés cotées placées sous la direction de l'Etat est de 78 % en Chine, de 55 % en Russie et de 30 % au Brésil. Sans cela, pas de maîtrise sur l'économie, pas les moyens de mener une politique industrielle adaptée aux besoins du pays, ni de résister aux diktats du "marché".

Cette volonté d'indépendance nationale, soit dit en passant partagée par les Etats-Unis, qui ne tolèrent aucune ingérence, aucune concession écornant sa souveraineté (au contraire de l'Union européenne, son "protectorat"), vaut d'être mise en débat dans la

Vieille Europe. Que, là, tant d'esprits ne jurent plus que par le mirage d'une hypothétique "gouvernance mondiale" – sans jamais s'interroger sur les rapports de forces qui règnent à ce niveau – devrait interpeller. Au sujet de la notion même, de son véritable nom *stateless global governance* (gouvernance mondiale désétatisée), on sait qu'elle a été crûment théorisée par la créature de Clinton devenue ensuite conseillère d'Obama, Anne-Marie Slaughter, pour qui le nouvel ordre mondial n'aura plus pour arène des assemblées d'Etats mais, en coulisse, celle des rapports informels transnationaux entre gouvernements et ONG. On ne peut imaginer moins démocratique, plus méprisant pour le principe de légitimité des représentants élus d'un pays. Les Africains, en particulier, ont font les frais, dépossédés de toute autonomie politique sous couvert d'une "bonne gouvernance" dictée par les capitales occidentales entraînant dans son sillage une cohorte de conseillers, d'experts, de "coopérants" et de technocrates de tous poils. Cette "gouvernance" va jusqu'à préconiser un appui aux "sociétés civiles" locales (lire : indigènes) afin qu'elles fassent pression sur leur propre gouvernement pour en dicter la conduite. Un sommet.

Cela mériterait, en soi, un gros bouquin.

Ce n'est pas le but ici. Le but est de faire réfléchir un peu. Dans un texte marquant récent, datant de mars 2015, Samir Amin a mis en avant la nécessité, pour les mouvements sociaux, de travailler à

> *"(...) un projet souverain rompant avec la pensée unique néolibérale et les diktats de la mondialisation financière".*

Un tel projet permettrait en effet

> *"(...) d'amorcer des avancées sociales, la reconstruction d'un monde polycentrique négocié respectueux des souverainetés nationales, et de préparer ainsi les conditions les plus favorables pour aller de l'avant dans l'invention d'une civilisation nouvelle, respectueuse de l'écologie et de l'être humain".*

Il s'adressait, certes, là, aux peuples du Sud. La question ne se pose avec moins d'acuité en Europe. Ce qu'on ne discute et ne pense pas sera discuté et pensé à notre place par ceux-là mêmes qui construisent un monde dont nous ne voulons pas.

* * *

Références

Halimi, *Le grand bond en arrière*, Fayard, 2004.

L'édition du *Manifeste communiste* de 1848, utilisée ici est celle annotée et illustrée par Frans Masereel, publiée en 2011 par les Editions Aden, accompagnée de sept préfaces s'étalant de 1872 à 1893.

La citation de Jean Jaurès provient de son livre *L'armée nouvelle,* 1911, et se retrouve en abondance sur Internet ; sur ce grand socialiste, on lira Charles Silvestre, *La victoire de Jaurès,* Editions Privat, 2013.

On lira Fidel Castro, sous ce titre, dans le livre d'entretien d'Ignacio Ramonet, publié en 2007 chez Fayard.

L'éveil du Sud de Samir Amin, plusieurs fois cité ici, est un incontournable pour comprendre le monde tel qu'il s'est transformé ces trente dernières années : c'est aux Editions Le temps des cerises, 2008. Son texte prônant le projet souverain, "Quelle alternative à la mondialisation pour le Sud ?" est consultable à l'adresse http://institutfrantzfanon.org/quelles-alternatives-a-la-mondialisation-pour-le-sud-par-samir-amin/

Le texte de Jan Myrdal, "A propos de Marine Le Pen", a été publié dans *Folket i Bild/Kulturfront,* n° 2, 2014 ; sa traduction française devrait paraître bientôt.

Samir Amin, c'est dans *L'éveil du Sud,* 2008, déjà cité ailleurs.

Sur la "gouvernance mondiale désétatisée", voir Jean Ziegler, *Les nouveaux maîtres du monde,* Fayard, 2002

La montée du religieux, du n'importe quoi : l'identité déradicalisée, etc.

Montée du religieux ? Enoncé ainsi, voilà qui risque d'induire en erreur. Dans un petit livre tout frais sorti des presses qui se donne comme un "guide pratique" de la "laïcité au quotidien", Régis Debray et Didier Leschi situent d'emblée. Il faudrait en effet plutôt parler de "la montée en puissance des appartenances et allégeances d'ordre religieux, mais aussi ethnique, catégoriel et sexuel". Le sujet est délicat, pour le moins.

Il suffit de se remémorer quelques incidents médiatiques pour s'en convaincre, tant la charge émotive s'y est trouvée exacerbée. Le tollé, par exemple, lorsqu'une élue de droite française, en septembre 2015, a jugé de bonne tactique de déclarer à la télévision que la France est un pays judéo-chrétien en ajoutant, s'y autorisant par une phrase signée de Gaulle, un pays "de race blanche". C'est ce qu'il ne fallait absolument pas dire. Historiquement, à l'aune des siècles, il n'y avait pourtant là rien pour choquer. Mélanchon, Mitterrand, Blum, Thorez, Gide, Jaurès, Balzac, Robespierre, Diderot, Richelieu, du Guesclin, Abélard, tous – et toutes – aussi loin qu'on remonte dans les annales avaient la peau blanche. Où est le problème ?

Le problème, pour citer à nouveau Debray, dans un entretien accordé à *L'Humanité* le 10 juin 2016, est cette perte, en Europe, de "l'épaisseur historique qui fait qu'il y a une "humanité" et pas plusieurs : il y a une humanité partagée". Perte aggravée par le fait que, au sommet, chez ceux qu'on nomme les "décideurs" et qui marquent les esprits (en positif ou négatif, peu importe), la conscience historique s'est effacée :

> *"La politique s'est séparée de l'histoire, elle ne se branche plus sur une continuité créatrice".*

Autre "incident" emblématique, la controverse en 2003-2004 autour de l'inscription, ou non, de la chrétienté au titre d'héritage majeur de l'Europe lors du projet mort-né de doter l'Union européenne d'une Constitution. Idem déjà en 2001 lors de l'adoption de sa Charte. Les débats opposeront essentiellement chrétiens et laïcs, ces derniers obtenant gain de cause. Régis Debray, encore, ironisera en comparant ce maquillage du passé aux photos retouchées dont les pays de l'Est s'étaient fait une peu glorieuse spécialité, pour ensuite, plus sérieusement, en souligner l'aberration :

> *"L'Eglise de droit médiéval a précédé l'Etat de droit moderne, lequel lui doit beaucoup".*

Il aurait pu ajouter, pour nuancer, avec Bruno Bauer, un des premiers critiques radicaux de la vulgate biblique au début du XIXe, que :

> *"La religion chrétienne n'avait pas été imposée au monde de l'Antiquité gréco-romaine en tant que religion universelle, mais qu'elle était le produit même de ce monde".*

Ce qui inverse singulièrement la donne.

Mais on peut exprimer la chose de façon moins savante. Qu'est-ce qui contribue à donner âme, repère historique et culturel, partout en Europe, du moindre bourg à ses grandes villes, sinon la présence d'une église qui a traversé les âges ? Elle fait partie du paysage, matériel et mental. Peu de courants philosophiques peuvent en dire autant. (Ce que, à gauche, on doit regretter : quelques "maisons du peuple", parfois massacrées, quelques rares statues et c'est tout. Le Capital, lui, avec ses tours verre-acier-béton déshumanisées, proclame sa puissance partout.) Arriver à nier que l'Europe est terre chrétienne depuis plus de mille ans, il fallait pour cela qu'une pensée bureaucratique précautionneuse impose son agenda.

L'agenda, on le sait, est "multiculturel", concept communautariste importé des Etats-Unis, la nation la plus con pour paraphraser l'autre, mais la plus puissante aussi, ce n'est pas pour rien que notre univers culturel est hollywoodien. L'Europe ne peut se dire de tradition chrétienne parce qu'elle est multiculturelle, on peut l'exprimer ainsi, sans trop se tromper. Ce bagage linguistique imposé d'en haut ajoutera encore : espace de "diversité" et de "vivre ensemble" – sans racine, sans histoire. Affirmer le contraire serait blesser des sensibilités, à commencer par celles de la population musulmane, devenue assez importante depuis quelques décennies. Là, le tour du cercle est complet, retour à la question religieuse.

Et à une certaine police de la pensée, fort agissante désormais : se risquer à critiquer l'islam est s'exposer à l'accusation de souffrir de phobie, donc d'une malsaine pathologie clinique, et des étudiants en Grande-Bretagne et aux Etats-Unis vont jusqu'à réclamer l'aménagement sur les campus de locaux sécurisés (*safe spaces*) où aucune parole offensante ou perturbante ne risque de troubler la fragilité de leur équilibre mental.

On en est là. Sauf que cela ne marche pas fort. D'aucuns s'étonnent de voir des jeunes musulmans se détourner de cette accueillante Europe plurielle pour – grands dieux ! – se "radicaliser". On peut y trouver de multiples raisons, sociales et économiques, toutes imparables, accumuler les facteurs explicatifs sur le mode académique, tous statistiquement étayés, cela fait une jolie forêt masquant ses arbres.

Dans un livre récent sur l'embêtante "problématique", l'essayiste et catholique de droite français Pierre Manent met sans doute le doigt sur la faille : pourquoi diable le jeune arabe des banlieues pourries concevrait-il une quelconque adhésion à "une société séculière individualiste et dépolitisée décidée à disparaître dans l'informe marécage européen" ? Qui n'a à leur proposer, au titre de "projet de société" (dès le mot projet, c'est évidemment foutu), qu'un grand marché, donc un grand vide. Pour caractériser, c'est encore une fois Debray, mais il a le sens de la formule qui fait mouche :

"Prenez la place du Prisunic, flanquez le magasin d'une banque et d'un parking, rasez l'Hôtel de Ville, l'église et le cinéma, et appelez cela "le grand chantier européen"".

Qui en voudrait, même gratuit ? Pour Manent, l'affaire est claire : s'il y a islamisation, c'est par défaut. (Le *Brexit* y fait comme écho, rejet par défaut de l'informe dictature bureaucratique de Bruxelles avec, en sus, peuple contre establishment, un relent de guerre de classe : ce n'est pas moi qui le dit mais la journaliste Brenda O'Neill dans le très conservateur magazine *The Spectator*, édition datée du 2 juillet 2016.)

Cette montée du religieux guerrier comporte un autre aspect dont on ne parle guère dans les salons. C'est son cadrage clairement anti-impérialiste. Dans un vieux papier de commentaire paru dans le *Times Literary Supplement* du 4 avril 2008, déjà, Thomas Hegghammer (université de Princeton) pointait le fait que le "jihadisme global" de Ben Laden était mû, en 1998, par "la souffrance et l'humiliation des nations musulmanes" aux mains de l'étranger, pour ensuite renvoyer à l'analyse de l'écrivain allemand Hans-Magnus Enzensberger, constatant que, la chute du l'URSS ayant balayé en Occident la raison d'être des groupes militants des années soixante et septante :

"Le seul mouvement qui est en mesure de déclarer une guerre d'envergure mondiale aujourd'hui est l'islamisme".

Cela tombe sous le sens. Avant 1989, il y avait, dans l'ordre, l'Espagne républicaine, l'Algérie, le Vietnam, le Nicaragua pour mobiliser la gauche. Après 1989, l'alternative, faute de modèle réellement existant, se perdra dans les sables mouvants. Avec ce résultat, donc, qu'il n'y a plus que les barbus obscurantistes pour réellement emmerder, armes à la main, les Etats-Unis et ses auxiliaires inféodés. Le constat n'a rien pour réjouir. A gauche, on veut dire.

Montée du religieux, là, déclin, ici. A l'occasion du jubilé de l'an 2000, deux millénaires de christianisme, le journal *Le Monde* notait le 2 juin de cette année que, en dix ans, le nombre de paroisses était passé en France de 34.500 à 20.000, et que les prêtres y officiant étaient majoritairement âgés de plus de soixante ans. Quinze ans plus tard, cela ne se présente guère mieux, en Grande-Bretagne par exemple, où une étude du Pew Forum sur ledit déclin pronostiquait que, d'ici à 2050, le nombre de musulmans dépasserait au plan mondial celui des chrétiens – en Angleterre, déjà, près d'un écolier sur dix est de confession musulmane. Ce mouvement de sécularisation n'est pas nécessairement une bonne nouvelle. Dans un monde sans valeur, celles de la chrétienté ne sont pas sans fournir des règles de savoir-vivre, comme lorsque le pape en 2008 dénonçait la crise financière en termes de "victoire de la cupidité sur le bien commun", ou l'archevêque de Canterbury pour en interroger le sens profond, qui n'est que "accumulation de richesses" sans fin ni raison. Ajoutons pour la énième fois Debray, dans son livre *Le Feu sacré*, déjà cité :

> *"Dans les sociétés du moi-d'abord, moines et moniales représentent au sein de nos rapidités gloutonnes, les derniers insurgés".*

Voilà qui vaut la peine d'être médité.

Un monde sans valeur, ce n'est naturellement pas tout à fait exact. Henri Heine a bien résumé en 1822. C'est un monde et une théologie de petits commerçants et petits consommateurs. En son centre, le marchand avec sa religion partout identique, qui fait du

> *"comptoir son église, de son bureau, son prie-Dieu, son registre comptable est sa bible, son entrepôt est son Saint des Saints, la cloche de la Bourse est son angélus, son or est son dieu, le crédit est sa foi".*

Cent ans plus tard, en 1921, Walter Benjamin dira à peu près la même chose en insistant sur la structure religieuse du capitalisme. Il y a acte de foi dans le crédit et la carte bancaire, il y a dévotion du bien de consommation célébré par la publicité, il y a état de grâce dans l'espoir de posséder, avoir plutôt qu'être.

Le temps de marquer une pause, peut-être, et conclure. Tenter une critique du fait religieux n'entre pas dans le propos de ce mince pamphlet, même s'il peut être bon de garder en mémoire que l'indifférence au spirituel est de date relativement récente : en 1859, dans la dernière page de conclusion de la deuxième édition de l'*Origine des espèces*, Darwin réintroduira le "Créateur" pour ne pas choquer outre mesure le sentiment général. Et ce n'est pas pour rien que Robespierre a tenté de rendre la Révolution plus attachante en l'affublant d'un Etre suprême : "Un peuple ne peut pas vivre sans religion" (le besoin d'aduler, "croire" au sens que lui donnait Prévert, jusqu'au fétiches de pacotille des supermarchés). Le mot est de Philippe Sollers, qui ajoutait par boutade, relativement à la sinistrose du climat intellectuel contemporain :

> *"Une religion ? Mais laquelle ? Celle d'Auguste Comte ? Franchement, Auguste Comte ! Par rapport à Hegel ! Vous vous rendez compte du désastre".*

La religion, à gauche, n'a jamais eu bonne presse, pour d'excellentes raisons. Ses prélats ont en général été du côté du bourrage de crâne et des oppresseurs, l'Amérique du Sud étant un peu l'exception confirmant la règle. Elle est un voile qui s'oppose à toute pensée libre, Lucrèce le disait déjà au premier siècle avant notre ère. Mais elle est en même temps, avec ses immenses cathédrales et modestes clochers de village, aujourd'hui plus qu'hier, symbole d'un refus, rappel en parole et pierre de la possibilité d'un monde où tout n'est pas marchandise. Rien d'étonnant dès lors dans l'engouement jihadiste. L'enjeu n'est pas de "déradicaliser", terme idiot s'il en est, mais au contraire de re-radicaliser. Il est encore moins de tenir des discours "gnangans" pour susciter artificiellement une ferveur populaire contre la haine mais, au contraire, comme rappelait Georges Labica, d'affirmer que nous avons à gauche "un devoir de haine". C'était en 1999, au temps de l'agression par l'Otan de la Yougoslavie :

> *"Devoir de haine, oui, n'ayons pas honte des mots. Aujourd'hui, l'aversion résolue envers l'impérialisme, "américain" prioritairement et jusqu'à*

nouvel ordre, représente pour toutes les victimes de la domination la propédeutique d'une détermination lucide et d'un engagement de solidarité active".

Re-radicaliser : la résistance est affaire d'éducation, remettre la maison du peuple au milieu du village.

* * *

Références

La laïcité au quotidien – Guide pratique de Régis Debray et Didier Leschi est sorti en Folio (n° 6093) en février 2016. Le parcours, en 154 pages, est instructif, notamment, entre les lignes, montrant à quel point, reflet de tensions sociales, la question religieuse a été judicidiarisée à partir des années 2000.

Pour la controverse sur l'héritage chrétien de l'Europe, voir Gérard Bossuat, *Histoire d'une controverse*, 2005, http://www.persee.fr/doc/mat_0769-3206_2005_num_78_1_1030. Le commentaire de Régis Debray provient de son livre *Le feu sacré, fonctions du religieux*, 2003, Folio essais n° 461. La critique de Bruno Bauer est ici résumée par Franz Mehring dans sa *Biographie de Karl Marx*, 1918, traduit en 1983 aux Editions sociales, réédité en 2009 chez Bartillat.

Pierre Manent, *La situation de la France*, 2015, est cité ici par le biais de la recension de Mark Lilla, "How the French Face Terror", paru dans le *New York Review of Books*, vol. LXIII, n° 5, daté du 24 mars 2016.

Debray sur l'Europe, c'est dans *Que vive la République*, 1989.

Heine et Benjamin sont cités par Hans-Georg Pott dans la revue *Europe*, n° 988-989 d'août-septembre 2011, sur le thème Marx et la culture.

L'observation sur Darwin a été faite par Jim Endersby dans le *Times Literary Supplement* du 16 mars 2007.

Sollers s'exprime dans les vingt entretiens qu'Aliocha Wald Lasowski a réuni sous le titre *Althusser et nous*, Presses universitaires de France, 2016. Un livre que tout honnête homme, et femme, de gauche placera sur son chevet.

Georges Labica : voir son *Robespierre*, 1991, réédité en 2013 par La Fabrique.

Eriger une porte de sortie : l'action collective, sa théorie

Que faire pour sortir de ce système économique qui nous écrase, qui est injuste, inutile et inhabitable ? Quand on y pense un peu, la solution paraît simple.

Le politologue britannique Andrew Sayer, dans un ouvrage récent, paru en anglais en 2014, l'a condensé. Il part du constat que le système économique – injuste, inutile et inhabitable – ne tient debout que parce qu'une infime partie de la population domine tout le reste. Cette manière d'analyser la composition de la société est devenue banale. De partout, on entend cela : d'un côté, 1 % de la population, de l'autre 99 %, à la grosse louche, certes, mais cela reflète assez bien la réalité.

Comment sortir de là ? Sayer a sa petite idée, toute simple. Il enchaîne en effet en disant que si, effectivement, 1 % de la population s'est rendu maître du monde pour tout accaparer, eh bien, les 99 % "devraient utiliser leur bulletin de vote pour tout reprendre". Ah ! mais c'est bien sûr ! Même un enfant y verrait comme une évidence. A la proposition, il y a cependant un problème et il est de taille. Il faudrait pour cela que les 99 %, en se présentant aux urnes, disposent d'un parti qui pose cette revendication. Ce n'est pas demain la veille.

Ce dont il faut bien se rendre compte, et puis tenter de le comprendre, est ce fait – capital, dirait Dickens – que la notion même du parti donne systématiquement lieu aujourd'hui à des associations d'idées négatives. Et, avec elle, toute forme d'organisation mue par un projet de prendre le pouvoir. Pour, par exemple, en suivant le raisonnement de Sayer jusqu'au bout, déloger les riches, les exproprier, remettre un peu d'ordre dans la maison.

Ces deux idées, le parti et la prise de pouvoir, sont, dans la "conscience" de la frange activiste qui se remue de colloques en festivités altermondialistes, passée de mode. Mieux : vues avec défiance, dégoût épidermique, pour ne pas dire pavlovien.

La situation n'en est que plus paradoxale. Dans les faits, les "partis" hautement structurés et disciplinés que sont les entreprises transnationales règnent en maître sur le quotidien du plus grand nombre grâce à cette forme d'organisation quasi militaire.

On pourrait dire la même chose des partis dits "traditionnels" qui depuis belle lurette surplombent et dictent le cours des trois organes classiques de la démocratie formelle (le parlement, l'exécutif, mal nommé, et l'appareil judiciaire – trinité dont il n'y a plus que les manuels scolaires pour y croire), ou, mieux structurés encore, les partis autoproclamés de l'eurocratie bureaucrate qu'on nomme Commission européenne, Cour de justice européenne, Coreper et autres sobriquets opaques.

Pour résumer. Dans les faits, nous sommes entourés de partis tout-puissants mais de parti pour s'y opposer, non merci, une autre fois peut-être... Tel est le climat intellectuel dans la grande majorité de ceux et celles qui se disent critiques de l'ordre régnant.

Il y a lieu de s'interroger. Le rejet de la forme parti et de la notion de prise de pouvoir ne sont-ils pas le résultat d'un long travail de sape doctrinaire tant il fallait, pour sceller la domination des puissants, que ceux-ci écartent jusqu'à la possibilité théorique de leur renversement ?

Ce point est essentiel.

Sans pour autant céder à une quelconque paranoïa, l'être de raison ne peut que s'interroger sur le sort fait, dans le discours dominant, à tout ce qui menace dans ses fondements l'ordre social existant – depuis, au moins, l'entrée en scène de la critique marxiste : l'économiste

Angelo Reati notait ainsi en 1990 que, dès les années 1870, devant le succès du *Capital* de Karl Marx publié en 1867, va prendre une nouvelle vigueur la théorie dite du marginalisme (toujours triomphante aujourd'hui) dont la visée était de réduire à néant la scandaleuse analyse de l'école économique classique (Smith, Marx, Riccardo) faisant du travailleur le créateur de la valeur des biens produits, créateur, donc le propriétaire en puissance des richesses produites, fort de son "droit d'auteur", voilà le scandale qu'il fallait à tout prix ôter des esprits.

Comme souligne avec ironie Reati, on ne mettra pas sur le compte du hasard que, à un moment où la bourgeoisie

> "*se trouva menacée par le mouvement ouvrier* (ndlr. armée par la critique marxiste), *il devint opportun de détourner l'attention d'un aspect gênant*".

Il en ira de même, autre "scandale", avec l'Etat ouvrier institué en Union soviétique : diabolisé depuis sa création en 1917 et jusqu'à nos jours. Sans une contre-lecture de ces événements, on restera à jamais marionnette, les figurants d'un mélodrame réalisé à Hollywood.

De manière plus anecdotique. Qui n'a pas croisé en rue de gentils jeunes gens porteurs d'une pétition, ou leur avoir ouvert la porte, tantôt du parti pour le sauvetage de la planète, tantôt du parti contre la faim dans le monde, ou pour l'accueil des exilés errants, ou pour une alimentation saine provenant de petits producteurs ? Greenpeace, Oxfam, Amnesty, etc. Mille et un micro-partis qui, sur l'essentiel, ce qui régit le monde, n'ont rien à dire. En face, pourtant, on ne s'éparpille pas.

C'est naturellement, pour y revenir, le paradoxe évoqué d'emblée. Le fait que le petit nombre décide pour le plus grand. Wal-Mart compte plus de deux millions de travailleurs mais c'est la petite poignée des propriétaires familiaux qui fait la loi en tout. IBM, Siemens, Carrefour ou Deutsche Post, c'est autour d'un demi-million mais c'est à nouveau quelques "investisseurs" qui règnent en maîtres, situation quasi féodale. Même chose dans le cas des cinquante plus grandes multinationales dont une étude de la Confédération syndicale internationale (CSI) révèle qu'ils emploient au bas mot 116 millions de personnes – dont 94 % de forçats surexploités dans les chaînes de la sous-traitance mondiale : s'ils décidaient tous de faire cause commune pour prendre possession de ce qui – droit d'auteur ! – leur revient, leur lieu de travail, leur usine ou atelier de labeur, ils auraient pour eux la force du nombre, et de la vertu démocratique. Contre eux, naturellement, ils trouveraient l'armée, la presse, toute la minorité agissante des ploutocrates qui y auraient tout à perdre. Ce qui n'est pas rien.

Mais contre eux, bien plus formidables et paralysants, ils n'ont rien sur quoi s'appuyer, aucun contre-pouvoir organisé, syndical ou autre, qui les invite, même lointainement, comme un objectif ou une utopie vers laquelle tendre, à prendre le pouvoir qui leur revient démocratiquement sur leur lieu de travail. Pour cela, il faut un parti. Le syndicat de travailleurs en est un, parmi les derniers, mais depuis des années sur la défensive. Pour l'heure, les alternatives : bouchées. Raison de plus : que faire ? Faire !

Ce qui n'est pas rien, non plus. A preuve, de manière presque anecdotique mais révélatrice, une petite phrase péchée chez Frédéric Lordon. Vedette d'un renouveau de la contestation, il prône dans un texte récent une prise de pouvoir fondatrice en France d'une république sociale… mais en précisant "non pas bien sûr par la collectivisation étatiste (dont le bilan est suffisamment bien connu)". Bien sûr ? Suffisamment connu ? N'est pas là, justement, le énième effet de la propagande anesthésiante qui (depuis 1870, depuis 1917) préserve l'ordre social existant ?

* * *

Références

Pour Andrew Sayer, "Why we can't afford the rich", voir la recension d'Edward Luttwak, *Times Literary Supplement,* n° 5869, 25 septembre 2015.

Pour Angelo Reati et la valeur-travail de Marx, revue *Contradictions* n° 63, 1990, cité dans Erik Rydberg, *Petit manuel de contre-propagande économique*, Editions Couleur livres, 2010.

Pour l'étude de la CIS, voir l'article d'Olivier Petitjean, "Les centaines de millions de travailleurs ignorés des multinationales", 12 février 2016, consultable sur le site Mirador, http://multinationales.org/Les-centaines-de-millions-de-travailleurs-ignores-des-multinationales.

Pour Lordon, voir "Pour la république sociale", *Le Monde diplomatique*, n° 744, mars 2016. (*A contrario*, rapporte *Le Temps de Genève* dans son édition du 22 février 2016, un sondage effectué en Russie apprend que 52 % des personnes interrogées souhaite un retour à l'économie planifiée soviétique…)

L'avenir est dans le passé : la destruction de la mémoire

La petite phrase de George Orwell est bien connue. Elle figure dans *1984*, son roman futuriste, mais si peu :

> *"Qui contrôle le présent, contrôle le passé ; qui contrôle le passé, contrôle le futur".*

Elle dit et condense bien les choses et on s'en voudrait de lourdement insister en jouant au maître d'école. Tant pis. On ne tapera jamais assez sur le clou. Qu'il existe un contrôle sur le présent, pas total, mais assez étouffant pour parvenir à ses fins tout de même, la "pensée unique" et Cie, voilà qui paraîtra à la plupart comme une évidence. Que ce contrôle passe par – et rend possible – un contrôle sur le passé en est une des conséquences logiques, il suffit, pour s'en convaincre, de voir à quel point il y a réécriture du passé, pour le mettre au goût du jour, banalement, bien sûr, mais bien plus encore pour que le passé serve les intérêts du jour, ceux des classes possédantes, pas besoin de faire un petit dessin. Là, on est quasi au bout du triptyque, de son enchaînement. Car quiconque est dépossédé de son passé perd tout contrôle sur son avenir. Toute résistance devient vaine. Ce qui était le but. CQFD.

D'autres ont, pour qualifier le phénomène, usé d'expressions plus fortes. Eric Hazan a parlé de "négationnisme". Simon Leys d'un âge, le nôtre, qui "aura été jusqu'au bout celui de la Frime et de l'Amnésie". Le poète Geoffrey Hill de "l'insipide in-mémoire et in-conscience" de notre temps "néolibéral" et "exploiteur". Jean Salem d'un "siècle obscur", où les élites qui façonnent notre perception du monde donnent la nette impression que "c'est l'histoire, tout simplement, qu'ils excluent, qu'ils évacuent".

Jean Salem, à vrai dire, ne visait pas l'histoire à la petite semaine, dont magazines et émissions télévisées livrent régulièrement un remplissage photogénique à titre de divertissement, mais le fait que certains pans historiques passent à la trappe et, en particulier, le legs des pays dits du "socialisme réellement existant". A l'occasion du soixantième anniversaire de la victoire alliée sur les nazis, le journal *Le Monde* daté du 8 mai 2015 rappelait ainsi, sur la base d'un sondage britannique, que :

> *"A peine 13 % des jeunes Allemands, Britanniques et Français savent que l'armée rouge a participé à la libération de l'Europe, cependant que 43 % citent le rôle joué par les Etats-Unis".*

Pour arriver à un tel "résultat", une telle ignorance collective, il a fallu que s'exerce un travail de propagande d'une ampleur formidable. Au lendemain de la Seconde Guerre mondiale, et depuis Stalingrad, personne dans l'Europe libérée n'ignorait le rôle déterminant joué par la Russie avec ses 25 millions de morts. Effacer cela a certes pris le temps d'une génération mais l'effort a été payant.

Une même amnésie sera orchestrée à propos de la Révolution française, non pour l'effacer mais pour n'en retenir, *a priori* condamnables, que des horreurs peintes sous couleurs hollywoodiennes. Qu'un Samir Amin, à gauche, décèle dans la Révolution française l'acte fondateur de la politique moderne et, avec elle, de l'Etat moderne, ou qu'un Bertrand de Jouvenel, à droite, la donne comme la clé de "toute l'histoire européenne subséquente, y compris l'histoire de la pensée", pèsent aujourd'hui peu au regard d'une littérature partisane déferlante qui n'a d'autre objet que de rendre la Révolution repoussante. Celle-là comme toutes les autres. Aux pains et jeux destinés à divertir le peuple, il faut ajouter pour faire bonne mesure des boîtes de somnifères.

Parmi ces somnifères, il convient de réserver une place particulière aux "pilules" qui ont pour effet de détruire la mémoire des mots. Voici peu, en 2013, les bureaucrates bonnets d'âne auxquels a été confiée la haute direction de la Médiathèque de Belgique ont, dans un inculte esprit publicitaire, décidé de rebaptiser leur jouet "Point culture", effaçant ainsi d'un trait de plume plus de quarante ans d'histoire. Dans un livre publié en 2003 avec Vincent Decroly, nous recensions quelques-uns de ces hold-ups. Alors que tout Belge avait pris l'habitude, depuis les années 1970, à appeler "minimex" le revenu minimum d'existence, les excellences du moment, en 2001, jugeant le terme par trop misérabiliste (et pas assez volontariste), l'ont rebaptisé "revenu d'intégration", sans craindre le ridicule : quoi ! faut-il désormais revoir la célèbre formule des lendemains enchanteurs pour désormais proclamer : "Travailleurs désintégrés du monde entier, intégrez-vous !" ? On peut multiplier les exemples. La Régie des télégraphes et téléphones, connue de tous depuis 1930 sous son acronyme RTT ? Rebaptisé Belgacom en 1991, puis Proximus en 2015. La Poste de 1830 est restée La Poste pendant 170 ans avant de devenir un gimmick publicitaire imprononçable : "bpost". L'Office national de l'emploi subsistera pendant 38 ans avant de se voir rebaptisé, à Bruxelles, Orbem : le nouveau sobriquet fera long feu et sera remplacé à peine dix-huit ans plus tard par Actiris, en 2007.

En général, les gens ne se laissent pas prendre. Revenu d'intégration ? Ils savent bien que c'est pour mieux te manger, mon enfant, faire preuve de servilité pour recevoir une aide sociale. Mais, sous-jacent à cette frénésie du néologisme, mû par une ignorance souvent involontaire, se profile en réalité un mépris profond du peuple. Rebaptiser les institutions sociales qui forment le quotidien de la plupart revient à brouiller les esprits, ôter l'épaisseur historique de leur environnement immédiat. Mépris ? Evidemment, car la manœuvre participe à la constitution d'une société duale (féodale, serait plus juste) où une classe, l'élite informée, connaît l'origine desdits mots et, l'autre, la masse qui n'a ni le temps ni le privilège d'en faire l'étude et qui restera donc aveugle à son propre passé. L'une n'ignore pas, par exemple, que le parti social-chrétien belge a porté durant des décennies le sigle PSC, l'autre continuera à se gratter la tête pour pénétrer le sens du vocable "humaniste" que ce parti, par marketing électoral, troquera pour ratisser plus large.

Il y a donc lieu de distinguer. Il y a, d'une part, on vient de le voir, une amnésie politique, de création délibérée. Et de l'autre, une amnésie – mettons, à défaut de meilleur terme, "technologique". L'amnésie Internet, si on veut.

Il existe une littérature assez importante sur l'internetisation de notre rapport au monde. On fait déjà état d'un clivage quasi civilisationnel entre la génération née "avec", les "natifs digitaux" pour qui n'existe, à peu de choses près, que ce que leur offre leur smartphone, et celle, vieillissante, qui s'est formée "sans", qui est née dans et avec le livre. Ce n'est pas ici l'objet d'en tenter l'analyse, sinon peut-être pour regretter que cette imposante littérature fasse si peu de cas des mobiles économiques qui, de manière déterminante, sont à l'œuvre. Voir par exemple la numérisation des bibliothèques menée par Google ou, en France, l'accord passé avec Microsoft pour "numériser" l'école… Affaire de business, ce n'est que du business.

Internet ouvre sans conteste et comme jamais auparavant la porte à des savoirs jusque-là inaccessibles à la plupart. Mais c'est en même temps, pour reprendre l'expression de l'écrivain Alberto Manguel, "le cauchemar d'un éternel présent".

> *"Le passé* (dit-il, est) *pour l'utilisateur d'Internet, sans intérêt, puisque tout ce qui compte, c'est ce qui apparaît dans l'instant. Comparé à un livre, dont l'aspect matériel trahit l'âge, un texte appelé sur écran n'a pas d'histoire".*

Il n'a même pas, bien souvent, ni auteur, ni date. On ne compte pas le nombre de textes, bien souvent reproduits par copié-collé sans indication de la provenance, qui sur Internet ne sont ni signés, ni datés, même sur des sites "sérieux". Il y a là comme un basculement, dont on peut craindre que seule la génération vieillissante des "natifs analogues" en perçoive les périls. Est-ce un basculement délibéré, une amnésie voulue par les oligarchies régnantes ?

Sans y voir un mécanisme de cause à effet, ni un complot forcément simpliste, le rapprochement avec le programme de la Conférence de Fairmount organisée en septembre 1995 est suggestif. Cette conférence, à laquelle participait le gratin du complexe politico-industriel (Thatcher, Bush senior, Gorbatchev, Ted Turner de la CNN, David Packard de Hewlett-Packard, John Gage de Sun Microsystems, etc.), a été évoquée par Jean-Claude Michéa dans un petit livre dont le titre vaut en soi résumé : *L'enseignement de l'ignorance.*

Quel était l'objet de cette rencontre au sommet peu médiatisée ? Examiner, dans une situation où l'économie mondiale n'aura bientôt plus besoin que de 20 % de la population active pour fonctionner, comment occuper les 80 % "surnuméraires". S'imposait comme solution la mise en œuvre d'un programme de *tittytainement*, expression forgée par le conseiller de Reagan et Carter, Zbigniew Brzezinski et qui, associant les concepts d'allaitement au sein (*tit*) et de divertissement (*entertainement*), décrit un " cocktail de divertissement abrutissant et d'alimentation suffisante permettant de maintenir de bonne humeur la population frustrée de la planète". Avec la "culture" Facebook, les smartphones, on n'en est pas loin…

L'un des esprits qui fut parmi les plus lucides de notre temps, l'historien Eric Hobsbawm, l'exprimait ainsi, à l'entame de son panoramique sur notre "siècle court", *L'Age des extrêmes*, publié en 1994 :

> *"La destruction du passé, ou plutôt des mécanismes sociaux qui relient l'expérience quotidienne de chacun à celles des générations antérieures, est un des phénomènes les plus caractéristiques et effrayants de la fin du vingtième siècle".*

Il y a une porte de sortie à la voie de garage ? Que faire quand on est enfermé dedans ?

Une leçon à retenir peut-être. L'histoire doit être notre amie, notre alliée. Le critique britannique Frederic Jameson, pour qui toute lecture doit être lente et patiente, n'a qu'une ligne de conduite à conseiller : il faut "toujours historiser". Le néologisme, pour rendre l'anglais, *historicize*, indique bien la tâche. Ne jamais rien prendre pour argent comptant, toujours aller aux conditions historiques des concepts et slogans que nous bombarde le quotidien. Ce n'est pas pour rien que Marx, dans les années 1845-1846, faisant le point avec son ami Engels dans le but de "voir clair en eux-mêmes" et "régler leurs comptes avec leur conscience d'autrefois", avançait cette idée-force qui guidera toute son œuvre :

"Nous ne connaissons qu'une science, celle de l'histoire".

Leçon majeure. Voir clair en soi-même.

* * *

Références

Jean Salem, *Résistances*, livre d'entretiens avec Aymeric Monville paru aux Editions Delga, 2015.

Eric Hobsbawm, cité ici d'après l'édition anglaise de poche publiée par Abacus (6e réédition de 1997), l'édition française, parue en 1999 aux Editions Complexe, a ensuite été rééditée aux Editions André Versailles.

Geoffrey Hill, cité dans une recension parue dans le *Times Literary Supplement*, n° 5810 du 8 août 2014, l'original est quasi intraduisible : ce que Hill dénonçait est *the bland memorylessness, consciouslessness* de notre *neoliberal exploitative age.*

Sur la Révolution française, Samir Amin, *Sur la crise*, Le Temps des Cerises, 2009 et Bertrand de Jouvenel, *Du pouvoir*, 1972, réédité au Livre de Poche, 1977 ; sur le sujet, on lira avec fruit le *Robespierre* de Georges Labica, 1991, réédité par La Fabrique en 2013 – et puis Victor Hugo, bien sûr, son *Quatrevingt-Treize,* Livre de Poche ou Folio.

Vincent Decroly et Erik Rydberg, *Principes élémentaires de la propagande arc-en-ciel* (par référence au gouvernement Verhofstadt associant en Belgique, 1999-2003, le rouge des socialistes, le bleu des libéraux et le vert des écolos), Editions EPO, 2003.

Alberto Manguel, c'est dans *La bibliothèque, la nuit,* Actes Sud, 2006.

L'enseignement de l'ignorance de Jean-Claude Michéa a été publié aux Editions Climats en 1999, réédité en 2006.

Marx est cité par Michel Vovelle dans la revue *Europe*, n° 988-989 d'août-septembre 2011 consacré à Marx et la culture.

Se réapproprier la lecture : le livre, la bibliothèque publique, l'écrit maudit

Le combat pour le livre est d'un genre très particulier. Perdu sans même avoir été mené. En soi, cela doit intriguer quiconque ne veut pas mourir idiot, pour reprendre l'expression de Wolinski. Les forces qui veulent la mort du livre sont à ce point nombreuses, tapageuses et bruyantes que cela en frôle le ridicule : pourquoi lever une telle armée alors que, en face, il n'y a rien, une opposition marginale, quasi inaudible ? Quand un péquenot cherche à tuer une mouche avec un bazooka, cela fait rire en général, comme devant l'idiot du village. Sauf que… On n'a pas affaire ici à un péquenot.

L'écrivain Alberto Manguel a résumé le nœud du problème en quelques mots. Dans sa défense des bibliothèques et des livres en dur, donc contre leur remplacement par la bibliothèque virtuelle sur Internet, il indique avec précision que l'adversaire est ici : "l'industrie électronique qui cherche avec force de nous convaincre du contraire", et "Google et ses affidés" qui, avec tous les moyens de persuasion à sa dimension et ils sont considérables, s'appliquent à "se présenter comme des entités philanthropiques et non comme les exploiteurs de notre patrimoine intellectuel".

Pour bien enfoncer le clou, il ajoute, afin que personne ne confonde jamais le livre avec ses copies électroniques :

> *"Au sens le plus littéral du terme, la matière n'est pas immatérielle".*

L'une n'est pas l'autre. Dire de la copie numérique d'un livre que c'est un livre est tromperie sur la marchandise, un *e-book* est tout sauf un *book*.

Dans son petit livre sur le crépuscule des bibliothèques, Virgile Stark donne quelques rares indications sur l'identité des "entités philanthropiques" qui mènent la charge contre le livre. Lorsque la Bibliothèque nationale de France met en place en 2010 un "Labo" de promotion de la lecture numérique, l'affaire est "financée par Apple, Samsung, Sony et Epson". Lorsque, en 2013, une vaste "enquête paneuropéenne" se propose de mesurer l'impact des prêts de livres sous forme numérique, le financement provient de la fondation Bill et Melinda Gates. Lorsque, en 2011, est créé en France l'Observatoire du numérique, cette officine de propagande rassemble dans son comité directeur, côtoyés pour faire bonne mesure par le "philosoft" Bernard Stiegler, "des directeurs de banques, des designers et des *business angels*". On peut multiplier les exemples.

C'est là un grand mystère. Autant existe-t-il un large courant d'opinion pour juger de manière critique la mainmise de la nouvelle royauté des multinationales sur ce qui fait notre quotidien, du politique au plus haut niveau (mainmise sur les Etats) jusqu'à ses aspects les plus terre-à-terre (environnement, produits de grande consommation, conditions d'emploi, etc.), autant ce même courant est comme frappé de myopie aiguë lorsque ces multinationales mènent une guerre d'extinction contre le livre, les bibliothèques, les libraires, les éditeurs et la presse écrite.

Car rarement un phénomène de société – l'engouement collectif pour les *applis* électroniques – n'aura été aussi platement l'effet d'un mécanisme d'offre et de demande, la première dictant la seconde : nous produisons et vous achèterez (nous ferons en sorte qu'il en sera ainsi). Comme pour tant d'autres habitudes de consommation, les Etats-Unis serviront de modèle aux élèves, le pays est un de ceux où l'*e-book* a connu son meilleur "taux de pénétration", pays idiot selon les plus lucides, le compositeur Schönberg par exemple : contraint de s'y exiler, il maudira Hitler pour l'avoir conduit à se réfugier dans ce "pays inculte".

Que, soit dit en passant, l'électronisation d'un nombre croissant de nos faits et gestes soit le résultat d'une politique industrielle conduite sous la dictée des multinationales du secteur ressort encore du fait que, pas à un seul moment, il n'y a eu de débat démocratique au Parlement pour décider si, oui ou non, il y a lieu d'y donner un aval. On peut, il est vrai, dire la même chose de l'automobile et de l'asphaltage des paysages : cela s'est fait sans débat : l'industrie propose et l'industrie dispose. Nos démocraties ne sont que formelles.

Pour résumer. Les forces à l'œuvre derrière la "révolution numérique" sont les multinationales du secteur. Le bruitage de marketing qui l'enrobe est le fait de suivistes chargés du "discours d'accompagnement" : l'expression est de Samir Amin et dit mieux qu'une autre qu'elle est aux ordres. On sera peut-être juste étonné de la quasi absence d'une parole venant contredire. La théologie du numérique a beau n'être que publicitaire, elle se veut absolutiste et y parvient. Du vendeur en télé-boutique au chantre Michel Serres, penseur de magazine (son *Petit poucette*, 2012), la sérénade ne connaît pas de fausses notes.

Voici peu, en juin 2015, se tenait à Bruxelles, à l'initiative de Présence et action culturelle, un bref moment d'échanges sur la question. Le choix de l'organisation culturelle du parti socialiste de mettre en débat le phénomène est assez rare pour mériter d'être souligné, certes. Mais le panel tout entier, composé de bibliothécaires, de pédagogues, de "théâtreux", d'animateurs de l'assistance sociale, huit personnes en tout, dont on taira le nom, n'avaient sur leurs lèvres que la leçon apprise : l'avenir radieux du numérique, il faut s'y adapter. Seul l'un deux, Pierre Hemptinne, directeur à la Médiathèque, dira qu'il faut cesser "de dire et faire n'importe quoi" et de rappeler que l'internetisation généralisée n'a toujours pas "été réellement analysée" afin d'en prendre la pleine mesure sociale, culturelle et politique. Une voix dans le désert…

C'est dire que la critique et la contradiction sont pour ainsi dire inaudibles. Elles existent, cependant, et ne viennent pas d'horizons médiocres.

Exemples que les écrivains Cormac McCarthy et Paul Auster qui, à l'instar de l'exquis vulgarisateur scientifique Stephen Jay Gould, écrivent sur une bonne vieille machine écrire (pas une seule fois, elle ne s'est "plantée", remarquait avec ironie Gould).

Exemple que Milan Kundera qui refuse que ses livres soient diffusés sous forme électronique.

Exemples que John Updike, Joyce Carol Oates, Ted Hughes, Martin Amis et A.S. Byatt qui persistent à écrire leur œuvre à la main, la dernière précisant que l'ordinateur lui sert pour le journalisme mais que pour "toute chose sérieuse", elle trace sur papier.

Exemple que le cinéaste Ken Loach qui, interviewé dans *La Libre* du 27 août 2014, dira son espoir d'une renaissance des révoltes populaires :

> *"Regardez toutes ces petites mobilisations locales qui se créent pour empêcher la délocalisation d'un hôpital, la fermeture d'une librairie ou la suppression du guichet de vente de tickets au nom de l'automatisation".*

Hôpital, librairie, guichet de gare, même combat ; la santé, le livre, le service public : un et même combat. D'arrière-garde ? Ces dernières années, chez Loach, en Grande-Bretagne, rappelle Stark, "plus de trois cents bibliothèques publiques ont déjà été fermées". Ou d'avant-garde : cela dépend de nous…

Exemple que Ray Bradbury, auteur bien connu pour sa description d'un monde futur, mais pas tant que cela, où le livre est voué aux flammes et la télévision une activité imposée (*Fahrenheit 451*) : à près de 90 ans, il jugeait comme un devoir de donner des conférences militantes dans et en faveur des bibliothèques publiques.

De ces institutions du savoir, il tenait à dire sa dette :

> *"Les bibliothèques m'ont éduqué. Je ne crois pas aux écoles supérieures et aux universités. Je crois aux bibliothèques parce que la plupart des étudiants n'ont pas d'argent. Je suis sorti de l'école secondaire durant la Dépression et nous n'avions pas d'argent. Je ne pouvais pas aller à l'université et, durant dix ans, je suis allé à la bibliothèque trois fois par semaine".*

Exemple enfin que ces 491 professionnels du livre (éditeurs, imprimeurs, bibliothécaires et écrivains) qui, le 6 septembre 2012, ont lancé un appel vibrant dans les colonnes du journal *Le Monde*. Pour quoi, dans quel but ? Pour refuser la fatalité. Dire d'emblée dans quelle pièce on se joue de nous.

En d'autres termes, réfuter "l'illusion courante selon laquelle les idées seraient détachées de l'économie et s'agiteraient dans un monde éthéré, déconnecté du réel". Rappeler dès lors qu'une critique d'Internet (mythe de la gratuité, du village global, du "réseau social") n'a de sens qu'en percevant Internet "en tant que structure même du capitalisme". Que l'internetisation de tous nos faits et gestes peut se résumer en un "ça va trop vite, c'est trop grand", un impensé dont tout tend à le rendre impensable, mais dont les conséquences sont devant nos yeux : "la production d'essais, de littérature ou de poésie s'appauvrit, les fonds de librairie ou de bibliothèques s'épuisent".

Ou pour le dire avec les mots d'un paysan désabusé :

> *"Avant il y avait la tomate. Puis ils ont fabriqué la tomate de merde. Et au lieu d'appeler la tomate de merde "tomate de merde", ils l'ont appelé "tomate" ; tandis que la tomate, celle qui avait un goût de tomate et qui était cultivée en tant que telle, est devenue "tomate bio". A partir de là, c'était foutu".*

Les auteurs de l'appel se refusent par voie de conséquence d'appeler livre numérique ou *e-book* "un fichier de données informatiques téléchargées sur une tablette". Alors quoi ? Livre de merde ?

Ce n'est pas leur propos. Ils doivent pouvoir coexister. Le problème est très exactement là. Les marchands du tout-électronique et la cohorte des suivistes n'ont qu'une bille en tête, tuer le livre, le libraire, la bibliothèque, toute une civilisation. La question n'est pas que culturelle, elle est d'abord sociale. Dans un monde où domine une élite de type Ancien Régime (1 % de la population écrasant 99 %), il lui faut une population déculturée, abreuvée de pacotille et de "textos". L'élite, elle, met ses enfants dans les meilleures écoles, traditionnelles, elle connaît la valeur du livre et de son héritage culturel, elle en fait une chasse gardée pour asseoir sa domination. Démocratiser la culture, disait-on avant. Cet objectif-là est entré dans une phase aiguë...

* * *

Références

Pour Manguel, son texte "The uses of reading" (non daté), inclus sur son site parmi ses essais (http://www.alberto.manguel.com). Mais on lira tout de Manguel, conteur aussi exquis qu'érudit, dont l'œuvre est largement traduite en français.

Pour Virgile Stark, voir son *Crépuscule des bibliothèques*, Les Belles Lettres, 2015.

Pour Schönberg voir la préface au "*Journal du "docteur Faustus""* de Thomas Mann (1943-46), édité par Christian Bourgois en 1994. Parmi les autres lucides, on citera aussi Régis Debray (USA, le pays bigot par excellence) ou Marcel Duchamp (pour la plomberie, ils se débrouillent plutôt bien aux Etats-Unis).

Pour Byatt et les autres utilisateurs du papier-stylo, la référence est le *Times Literary Supplement* du 5 novembre 2004, ceci expliquant ici la prédominance d'auteurs anglo-saxons. Ils ont sans aucun doute des frères et des sœurs en France.

Pour les sornettes mercenaires de Michel Serres, voir http://skhole.fr/petite-poucette-la-douteuse-fable-de-michel-serres.

L'interview de Bradbury, décédé en 2012, a été publiée dans l'*International Herald Tribune* du 20 juin 2009 sous le titre "Un héros de la science-fiction se bat pour sauver les bibliothèques".

Pour l'Appel des 451 et leur pénétrante brochure *La querelle des modernes et des modernes*, voir leur site http://www.les451.noblogs.org. On ira bien sûr aussi voir celui du Comité de défense des métiers du livre http://www.antidematerialisation.fr. La défense de la civilisation de l'écrit est également un thème majeur de mon site www.erikrydberg.net.

Epilogue bibliographique : En refermant un livre, en ouvrir un autre

Les forces qui nous gouvernent veulent tuer le livre. Au moment d'écrire ces lignes de clôture, il était annoncé que les écoles de Wallonie vont recevoir 62,6 millions d'euros pour acheter du matériel informatique. Pas des livres, des écrans et autres "machinalires" (sic). L'industrie électronique reconnaissante dit merci. Les forces qui gouvernent, elles logent là, dans la cléricature économique. Il y a mille manières discrètes de tuer le livre, c'en est une. Et il n'y a qu'une manière d'échapper à cette opération de crétinisation, c'est aller à rebours.

Refuser "la pensée à voie unique", pour reprendre l'exquise formule exhumée par Philippe Sollers, et dire non à l'inculture de microcéphales que nous vend l'industrie, c'est en revenir au livre, la lecture lente, patiente, studieuse.

Dire non, c'est acheter un journal (un bon, il y en a peu), un hebdomadaire de qualité (peu nombreux, aussi) ou un livre, qui éclaire, de préférence. C'est faire acte de résistance. De livres qui en valent la peine, il a été question au fil de ces pages. On a retrouvera certains ici, ainsi que d'autres : petit nécessaire pour quiconque souhaite prendre le maquis, choix nécessairement sélectif, composé de titres disponibles en librairie.

Alaluf, Mateo, *Contre la pensée molle – Dictionnaire du prêt-à-penser II* , Editions Couleur livres, 2014. Un empêcheur de tourner en rond, Alaluf. Depuis des lustres, il ausculte et ridiculise les pseudo-concepts de la propagande ordinaire. Homme du peuple, avec le peuple, pour le peuple.

Althusser, Louis, *Initiation à la philosophie pour les non-philosophes,* Presses universitaires de France, 2014. Derrière ce titre rébarbatif, une introduction joyeuse et limpide à un sujet rendu d'ordinaire inutilement difficile ; l'approche est matérialiste et populaire au noble sens du terme (rendre accessible à tous !). Autour du même, pour pénétrer le climat de son temps, lire *Althusser et nous* d'Aliocha Wald Lasowski, Presses universitaires de France, 2016, un bijou également.

Amin, Samir, *L'Eveil du Sud – L'Ere de Bandoung 1955-1980,* Le Temps des Cerises, 2008. Tour d'horizon pénétrant de la géopolitique de l'impérialisme par un des penseurs les plus acérés de notre temps, lui-même acteur des heurs et malheurs du Tiers-monde (l'humanité souffrante) dont il relate les trajectoires faites d'espoirs et de déboires. Cela se lit comme un roman. Du même, voir *L'implosion du capitalisme contemporain,* Delga, 2012.

Badiou, Alain, *Notre mal vient de plus loin,* Fayard, 2016. Il a beaucoup publié, Badiou, et souvent impénétrablement. Affublé de l'étiquette "dernier mao" de France, pas repenti de surcroît, il a dans ce mince opuscule, 63 pages, dit tout ce qu'il y avait à dire de la Restauration néolibérale.

Bauraind, Bruno (dir.), *Le Big Business en 25 fiches – Petit manuel de l'entreprise transnationale,* Editions Couleur livres, 2012. Ouvrage collectif démontant les rouages des multinationales, les nouveaux maîtres du monde comme disait Ziegler : "Ils décident de tout, jusqu'à nos goûts les plus "personnels".

Benjamin, Walter, *Lettres sur la littérature,* Zoé, 2016). Ses écrits sur l'intelligentsia des années 1930 (Jaspers, Scheler, Cocteau, Kojève, Gide), oubliés pour beaucoup, donnent à voir ce qui n'est plus qu'entre-aperçu. Benjamin, un météore.

Canfora, Luciano, *La nature du pouvoir,* Les Belles Lettres, 2010. Oiseau rare que cet électron libre de l'analyse politique. Pour une version désinfantilisée de nos régimes de démocratie parlementaire (et autres blablas convenus), lire et relire Canfora.

Corm, Georges, *Le nouveau gouvernement du monde*, La Découverte, 2010. Des agences internationales aux ONG en passant par les officines gouvernementales, l'ordre régnant dispose d'une armée de bureaucrates assermentés pour défendre ses intérêts. Là, on commence à y voir clair.

Harribey, Jean-Marie, *Les feuilles mortes du capitalisme – Chroniques de fin de cycle*, Le Bord de l'Eau, 2014. Auteur d'une somme sur notre économie du profit (*La richesse, la valeur et l'inestimable*, même éditeur, 2013), Harribey invite ici à une joyeuse promenade dans la galerie des frasques capitaleuses.

Husson, Michel, *Le capitalisme en 10 leçons*, La Découverte, 2012. Il faut commencer par là. Et puis scruter quasi quotidiennement le site remarquable de Michel Husson, http://hussonet.free.fr.

Labica, Georges, *Robespierre – Une politique de la philosophie*, 1991, La fabrique, 2013. Un grand homme, Labica. Il y en a combien par siècle ? Une petite dizaine. On lira pour comprendre l'idée de révolution, alors, maintenant, demain.

Lacroix-Riz, Annie, *Aux origines du carcan européen (1900-1960)*, Le Temps des Cerises/Delga, 2014. Historienne la plus censurée de France, elle travaille uniquement, avec un style inimitable, sur archives, les documents diplomatiques d'époque. Elle fait œuvre de salubrité mentale.

Losurdo, Domenico, *Fuir l'histoire ?*, 2005, Delga, 2007. Quel que soit le moment historique observé, et il en a passé beaucoup au crible, avec Losurdo, la méthode est : voici ce qu'en dit l'historiographie bourgeoise et voici comment nous le voyons. C'est assez révélateur, pour le moins.

Rydberg, Erik, *Petit manuel de contre-propagande économique*, Editions Couleur livres, 2010. En quelques pages, démontage des poncifs classiques du patronat et de ses serviteurs médiatiques.

Salem, Jean, *Résistances*, Delga, 2015. Le fils, biologique et spirituel, d'Henri Alleg parcourt notre siècle crépusculaire d'un regard qui, pour reprendre mot de Losurdo, enjoint la gauche d'arrêter de s'autoflageller. Il serait temps, en effet…

Il y en a beaucoup d'autres, à commencer par les classiques qui en disent souvent plus long et mieux que les "experts diplômés", Balzac, Chateaubriand, Tolstoï, Goethe, Strindberg…

Que faire : de l'importance de se poser la question en bonne compagnie…

Déjà parus chez le même éditeur

Mateo Alaluf

L'allocation universelle

Nouveau label de précarité

L'allocation universelle serait-elle une alternative au néo-libéralisme à même d'abolir le chômage et la pauvreté ? Pourrait-elle libérer le travail des contraintes qui l'enserrent au profit d'activités autonomes librement choisies par chacun ? Ce scénario refait surface, périodiquement, depuis plus de trente ans, en se parant des couleurs de la nouveauté. Au contraire, pour Mateo Alaluf, cette idée inscrite dans les rapports de force qui structurent la société est une machine de guerre contre la sécurité sociale qui entraînerait l'institutionnalisation de la précarité. En reconstituant les controverses qui ont accompagné la réception de l'allocation universelle, ce livre tente d'analyser de manière critique les principes qui soutiennent la proposition d'octroyer à chacun, sans condition, aux riches comme aux pauvres, un revenu de base.

■ 88 p. ■ 13,5*20,5 cm ■ 9 € ■

Eric Rydberg

Petit manuel de contre-propagande économique

L'économie est sans doute le domaine qui admet le moins de discussions. *There Is No Alternative*, il n'y a pas d'alternative. Afin que personne ne remette en cause l'ordre – le désordre – établi, le chômage, la déshumanisation des conditions de travail, les inégalités, la course morbide à la compétitivité, il faut que ces "évolutions" soient perçues comme "inéluctables" et "naturelles". Réinstaurer la contradiction, après plus d'un quart de siècle de domination unilatérale du néolibéralisme, suppose un travail patient d'éducation populaire. Ce petit manuel entend y contribuer en décryptant quelques "superstitions" marquantes répandues de l'obscurantisme contemporain.

■ 88 p. ■ 13,5*20,5 cm ■ 9 € ■

Collection L'autre économie

Yves de Wasseige

Comprendre l'économie politique

Nouvelle édition revue et augmentée

L'économie est au centre des préoccupations des citoyens comme des responsables politiques. Les crises financières récentes et leurs répercussions sur l'activité économique et sur l'emploi rendent les situations plus préoccupantes encore. Ce livre aborde tant la réalité économique que les théories. Les approches macroéconomique et microéconomique du marché en concurrence y sont exposées sans faire appel à l'usage des mathématiques.

■ 304 p. ■ 15*22 cm ■ 27 € ■

Collection Comprendre

Reginald Savage et Michel Husson

Salaire et compétitivité

Pour un vrai débat...

Salaires et compétitivité vont de pair. Les rapports entre les deux, avant tout idéologiques, font d'évidence obstacle à une compréhension, dans l'opinion, des termes du débat. Faussés, on s'en doute, et de toutes parts. Susciter un vrai débat là-dessus, tel est l'objectif de la réflexion lancée par le réseau *Éconosphères*, dont on trouvera ici, sous la plume de Reginald Savage et de Michel Husson, le dense condensé.

■ 80 p. ■ 10,5*14,5 cm ■ 8 € ■

Coll. Les petits dossiers de l'autre économie

Questions et débats de société, pédagogie, formation, récits de vie...

www.couleurlivres.be

Déjà parus chez le même éditeur

Mateo Alaluf

Contre la pensée molle

Dictionnaire du prêt à penser (II)

La contre-révolution néolibérale a réussi – depuis plus d'un quart de siècle – à s'emparer des esprits un peu partout dans le monde. Cet exploit a été accompli par une OPA sur notre vocabulaire. Il fallait que le sens des mots change, qu'ils perdent leur faculté de permettre une pensée critique. Il fallait une pensée molle qui englue le cerveau social, qui rende tout simplement imprononçable et interdit de séjour mental tout terme qui s'oppose à la marchandisation de la société. C'est dire que le premier combat contre un tel programme de lavage des cerveaux, comme le montre Mateo Alaluf page après page, est de reconquérir le langage.

■ 160 p. ■ 13,5*20,5 cm ■ 16 € ■
Collection L'autre économie

Bruno Bauraind (dir.)

Le Big Business en 25 fiches

Petit manuel de l'entreprise transnationale

La grande entreprise capitaliste moderne est le rejeton le plus élaboré et le plus puissant de la mondialisation. Soumettant l'Etat au diktat de la compétitivité, les effets négatifs des activités des entreprises transnationales sont connus de tous. Pourtant, peu de citoyens, au Nord comme au Sud, disposent aujourd'hui des outils nécessaires à la mise en perspective des problèmes sociaux engendrés par l'internationalisation des chaînes d'approvisionnement. Ce livre fait la transparence sur cette institution motrice de la mondialisation. Bien à l'abri derrière nos marques fétiches, un discours bourré d'anglicismes et des stratégies financières et fiscales complexes, elle échappe à une appropriation citoyenne.

■ 152 p. ■ 13,5*20,5 cm ■ 16 € ■
Collection L'autre économie

Xavier Dupret

La Belgique endettée

Mécanismes et conséquences de la dette publique

La dette publique belge fait beaucoup parler d'elle en ce moment. L'intervention publique de 2008 pour "sauver" les banques en difficulté explique largement l'accroissement de l'endettement public du plat pays. En attendant, le citoyen est prié de se serrer la ceinture et c'est ici qu'intervient l'austérité. Ce livre montre le caractère absurde de cette situation en critiquant le problème à sa source, à savoir la libéralisation du secteur financier qui a pris en otage les Etats. Y compris la Belgique…

■ 144 p. ■ 13,5*20,5 cm ■ 14 € ■
Collection L'autre économie

Guy Raulin

Caterpillar

Carnets d'un perceur de coffre

Guy Raulin, ancien délégué syndical, compile et analyse les données comptables de Caterpillar depuis des années. Au fil de ces pages, il retrace l'histoire socio-économique de ce qui fut la plus grande usine Caterpillar hors USA, l'histoire d'un site peu à peu vidé de sa substance. Derrière la froideur des chiffres, l'auteur veut transmettre un message vibrant : que travailleurs et syndicats réutilisent la formation et l'éducation populaire pour reprendre du pouvoir sur leurs lieux de travail plutôt qu'attendre dans l'angoisse la prochaine restructuration.

■ 96 p. ■ 13,5*20,5 cm ■ 10 € ■

Questions et débats de société, pédagogie, formation, récits de vie…

www.couleurlivres.be

Table des matières

Imprimé en Belgique